· 铁道警察学院铁路公共安全研究译丛 ·

英国铁路法（2005）

Railways Act 2005

何恒攀　汪东丽　等译

中国人民公安大学出版社

图书在版编目（CIP）数据

英国铁路法：2005/何恒攀等译. —北京：中国人民公安大学出版社，2017.11

（铁道警察学院铁路公共安全研究译丛）

ISBN 978-7-5653-3084-1

Ⅰ.①英…　Ⅱ.①何…　Ⅲ.①铁路法－英国　Ⅳ.①D956.122.96

中国版本图书馆 CIP 数据核字(2017)第 250575 号

英国铁路法(2005)

何恒攀　汪东丽　等译

出版发行：中国人民公安大学出版社
地　　址：北京市西城区木樨地南里
邮政编码：100038
经　　销：新华书店
印　　刷：河南瑞之光印刷股份有限公司

版　　次：2017 年 11 月第 1 版
印　　次：2017 年 11 月第 1 次
印　　张：7.75
开　　本：880 毫米 × 1230 毫米　1/32
字　　数：154 千字

书　　号：ISBN 978-7-5653-3084-1
定　　价：38.00 元

网　　址：www.cppsup.com.cn　www.porclub.com.cn
电子邮箱：zbs@cppsup.com　　zbs@cppsu.edu.cn

营销中心电话：010-83903254
读者服务部电话（门市）：010-83903257
警官读者俱乐部电话（网购、邮购）：010-83903253
法律图书分社电话：010-83905745

翻译分工

主　译：何恒攀

副主译：汪东丽

李依林：第一章、第二章

王保飞：第三章、附录 1、附录 2

杨　冰：第四章

陈在上：第五章、第六章

王胜娜：附录 3 至附录 6

汪东丽：附录 7 至附录 10

何恒攀：附录 11 至附录 13

总　序

　　铁道警察学院是公安部直属的我国唯一一所从事铁路公安专门人才培养和铁路公共安全专门研究的公安本科院校。近年来，在公安部党委的坚强领导下，我校坚持"错位竞争、差异发展"的发展理念和"相通相近、逐步拓展"的发展路径，注重加强内涵建设和特色学科建设，不断提升办学实力和社会影响力。在了解国外铁路公共安全研究理论的基础上，不断夯实我国的铁路公共安全研究基础，提升铁路公安特色学科方向研究水平，为提高人才培养质量和提升服务铁路公安工作能力提供动力和源泉，是我校组织翻译本译丛的初衷和目的。

　　本译丛是我校首次组织翻译国外警学著作，也是国内首次组织翻译国外铁路公共安全研究文献。从构思设计、资料搜集、书目确定、译者遴选到合同签订、翻译撰写、进度把控、质量监控、编校出版等，历时近两年。内容涉及铁路公共安全的战略、政策、法律、管理、执法、技术、历史等方面，既有关于英国、加拿大等国铁路警察历史的系统深入介绍，又有关于铁路安全技术和爆炸物检测技术的全面科学探讨，还有关于铁路公安管理、铁路警务执法及英国铁路法的深刻论述，内容广泛，专业性强，翻译难度较大。译丛翻译人员本着认真负责、精益求精的态度，既努力做到忠实原文，又力求表达流畅地道，最终成稿。 在此过程中，我校现代交通公共安全研究中心具体承担了本译丛的翻译组织工作，为译丛的顺利出版付出了大量卓有成效的努力。

感谢中国人民公安大学出版社为本译丛的出版所做的不懈努力和辛勤付出！

由于是国内首次系统翻译国外铁路公共安全研究文献，专业性较强，再加上译者水平有限，疏漏之处在所难免，敬请同仁批评指正。

编委会

2017 年 10 月

目　录

2005 年铁路法

2005 年第 14 号

本法案旨在对铁路服务相关条款和规范进行修订等。
【2005 年 8 月 7 日】

以下条款根据本届议会上议院神职和非神职议员以及下议院的建议，由本届议会规定并同意通过，以女王陛下之名义颁布。

第一章　职能和铁路战略的转移

职能的转移

1. 铁路战略管理局职能的转移和废止

（1）附录 1 [将铁路战略管理局（SRA）的消费者保护职能转移到铁路监管办公室（ORR），将其其他功能转移给国务大臣等受移交机构，并取消了铁路战略管理局的一些其他职能]已生效。

（2）国务大臣可制订计划将财产以及权责从：

（a）铁路战略管理局，或

（b）由该权力机构全资所有的公司，

转移到第（3）款中一名或两名及以上指定人员。

（3）指定人员包括：

（a）国务大臣；

（b）苏格兰部长；

（c）威尔士国民议会；

（d）铁路监管办公室；

（e）根据第 19 条第（1）款所建立的铁路乘客委员会；

（f）由本款（a）至（d）项所指定人员全资所有或一名以上指定人员共同所有的公司。

（4）但是：

（a）由苏格兰特许代理协议而产生的权利和责任，或

（b）由该代理协议而产生或归属于任何一人的财产，

根据第（2）款所述机制，只能转移给苏格兰部长。

（5）在根据第（2）款规定制定机制前，国务大臣需与财产及权责接受方协商计划机制。

（6）附录 2（包括有关转移机制的补充条款）对第（2）款所述机制有效。

（7）本法案的任何条款生效前，或铁路战略管理局废止前，若国务大臣认为合适，则可：

（a）终止对任何人出任铁路战略管理局主席或成员的任命；

（b）命令减少铁路战略管理局的最少成员数或推迟其取消。

（8）国务大臣可借命令对以下法案的条款进行修订：

（a）《1980 年运输法》（第 34 号）第三章（铁路津贴），

(b) 1993 年法案附录 11（津贴），或

(c) 2000 年法案第 244 条（津贴指数），该修订只能在本条或依据本条制订的计划在必要或需采取权宜之计时进行。

(9) 第（8）款所述的修订权应经过赞同的决议程序。

(10) 在咨询铁路战略管理局后，国务大臣同意：

(a) 所有为挽救铁路战略管理局的解散而进行的转移不能免除其应承担的责任，

(b) 若由于任何其他原因导致不再需要铁路战略管理局时，国务大臣应奉命将其废止。

2. 铁路监管办公室安全功能的转移

附录 3 [根据《1974 年工作健康和安全法》（第 37 号），有关向铁路监管办公室转移安全职能的条款] 已生效。

铁路战略

3. 1993 年法案第 4 条所规定的一般职责

(1) 1993 年法案第 4 条（国务大臣和铁路监管办公室的一般职责）修订如下：

(2) 在第（1）到（3）款中，每一处"该章"后加入"或《2005 年铁路法》法案中不属于安全职能的"。

(3) 在第（1）款中，（za）和（a）项（深化铁路战略管理局战略和保护铁路用户利益的职责）替换为：

"(zb) 促进铁路服务表现的改善；

(a) 另外，保护铁路服务用户的利益。"

(4) 在第（3）款（a）项（铁路监管办公室关于安全的职

责）中，从"考虑"至"执行"（要求铁路监管办公室听取卫生安全管理局的意见）的部分应停止生效。

（5）在第（3A）款（国务大臣责任之外的职能）中，在（b）款后面插入：

"（c）每一条所提及的根据《2005 年铁路法》进行的职能转移或分配仅包括根据《2005 年铁路法》第四章条款转移或分配给国务大臣的职能，不包括第 39 条。"

（6）在第（3A）款后插入：

"（3B）以上（1）至（3）款应对苏格兰部长及铁路监管办公室有同等效力，但对苏格兰部长的效力有以下例外：

（a）每一款所提及的根据本法第一章转移或分配给这些部长的职能仅包括根据本法第 16A 至第 16G 条转移或分配的职能；

（b）每一款所提及的根据《2005 年铁路法》转移或分配的职能仅包括根据该法案第四章转移或分配给这些部长的职能。

（3C）上述第（1）至第（3）款对威尔士国民议会和铁路监管办公室有同等效力，但对国民议会的效力有如下例外：每一条所提及的根据本法第一部分或《2005 年铁路法》转移或分配的职能仅包括根据《2005 年铁路法》第四章所转移或分配的职能，不包括第 39 条。"

（7）在第（4）款中，在"该章"后插入"或《2005 年铁路法》"。

（8）在第（5）款（补充职责）中：

(a) 在"该章"后(a)项前，插入"或《2005年铁路法》中不属于安全职能的"。

(b) 在(a)项（国务大臣的指引）后插入：

"(aa) 关注苏格兰部长提出的关于苏格兰境内或部分在苏格兰境内的铁路服务的一般指导或其他任何关于苏格兰铁路方面的问题；

(ab) 关注(aa)项中的指导建议，把握适当的尺度（若必要），执行该指导建议的费用将或已经由苏格兰部长承担。"

(c) 在(b)项中"该章"后插入或"该法案"。

(d) 将(c)项（关注铁路战略管理局财务状况的职责）替换为：

"(c) 注意到国务大臣为履行其有关铁路和铁路服务的职责而可使用的资金；

(ca) 注意到威尔士国民议会公示的任何有关威尔士服务或其他有关威尔士铁路或铁路服务的策略和政策；

(cb) 注意到威尔士国民议会行使各种法案所赋予或授予其的职能的能力。"

(9) 在前款后插入：

"(5A) 在以前述第（5）款（a）项为目的作出任何指示前，国务大臣需向威尔士国民议会咨询。

(5B) 除作为强制执行机构履行《1974年工作健康和安全法》规定的职能外，铁路监管办公室在履行其安全职能时，应考虑国务大臣对其所作的所有一般指示。

（5C）在根据上述第（1）至第（5A）款履行其职责时，如该职责事关如下事项：

（a）任何影响铁路服务用户或潜在用户利益的因素，

（b）任何影响铁路服务提供者利益的因素，或者

（c）不属于（a）项或（b）项，但属于第（5D）款的任何因素，

铁路监管办公室必须注意维护（a）项和（b）项中所述人员的利益、该款所提及的资源和资金提供者的利益以及公众利益。

（5D）如果铁路监管办公室得知：

（a）公众资金来源（以本法案附录4A中第1D条所述的含义为准），或

（b）不包含在此类资源中但全部或部分由伦敦交通局、威尔士国民议会、客运交通管理机构或任何接受此类资源的机构所提供的资金，

可以或可能用于某一事项，则该事项受本条款约束。"

（10）将第（7ZA）款替换为：

"（7ZA）在某人基于第（5）款（a）项或（aa）项或第（5B）款的规定，给铁路监管办公室以指导之时：

（a）给出指导的人可以在任何时候改变或撤回该指导；

（b）此人应以其认为合适的方式公布该指导和该指导的改变或撤回。"

（11）在第（9）款中：

（a）在"环境"的定义后插入：

"'公示的策略和政策',对于威尔士国民议会来说,就是为本章条之目的而由该议会向铁路监管办公室公示的策略和政策;"

(b)在"客运市场"的定义后插入:

"'铁路服务表现'主要包括铁路服务在以下几方面的表现:

(a)可靠性(包括守时);

(b)避免或减缓乘客过度拥挤;

(c)尽可能缩短出行时间;

'安全职能'指:

(a)根据该部分,

(b)根据或依托《2005年铁路法》,或

(c)根据或依托《1974年工作健康和安全法》,

而分配或转移给铁路监管办公室的职能,包括其为铁路安全(以《2005年铁路法》附录3的释义为准)或与之相关的其他目的而行使的职能。"

4. 实施战略所需的费用审核

附录4[对1993年法案附录第(4A)款进行了修订,拓宽了接入费的范围,并增加了国务大臣和苏格兰部长对此类审核的影响力]已生效。

5. 苏格兰铁路战略

(1)苏格兰部长应就履行其有关铁路及铁路服务的职能起草相应的战略。

（2）苏格兰部长应不时地修正其战略。

（3）一旦起草或修正其战略，苏格兰部长必须将起草或修正的战略以适当的方式向可能受其影响的人公开。

（4）第（1）款中提及的苏格兰部长关于铁路和铁路服务的职能主要包括 1993 年法案第一部分和本法案所赋予其的职能。

第二章　铁路公共部门资金管理机构

协助和维护服务条款

6. 国务大臣的财政扶持等

(1) 在以下情况下，国务大臣将向任何人提供或同意提供财政扶持：

(a) 为了确保铁路服务和铁路资产的提供、改善或发展之目的；或

(b) 为了其他有关铁路或铁路服务的目的。

(2) 在本条中，"财政扶持"包括：

(a) 政府补贴或贷款；

(b) 提供担保；以及

(c) 法人团体投资。

（3）只要国务大臣认为合适，其根据本条作出的协议或其他安排可以以任何条款达成或受制于任何条件。

（4）根据本条行使其权力时，对于

（a）任何第 9 条第（1）款中提到的根据第 8 条苏格兰部长可行以使的权力，或

（b）任何第 11 条第（1）款中提到的根据第 10 条威尔士国民议会可以行使的权力，

国务大臣需注意采取与第 9 条或第 11 条所述情况相一致的行为。

（5）对于本条中国务大臣的权力，或为第（1）款所述目标而达成的（特许协议以外的）协议或其他安排，只有在该协议或协定系根据特许协议而达成时，国务大臣才可通过与相关人员就特许经营协议所提供的服务达成协议或其他协定来行使。

（6）在第（5）款中，若某人为：

（a）特许运营商；

（b）特许经营人；或

（c）特许运营商或特许经营人的员工、代理人或独立承包人，

则此人为特许协议的相关人。

（7）在本条中，"铁路"一词取其广义。

（8）《1919 年运输部法》（c.50）第 17 条第（1）款（a）项（建设、改善或维护铁轨、轻轨或电车轨道的政府补贴或贷款）应停止生效。

7. 国务大臣协助货运服务的通知

(1) 本条适用于国务大臣起草或修正其根据第 6 条行使权力的机制的情形，包括确保如下服务的提供、改善或发展：

(a) 铁路货运服务；或

(b) 下列相关设施：

(i) 铁路货物运输设施；或

(ii) 由铁路运输或打算由铁路运输的货物的装卸。

(2) 本条还适用于国务大臣制定或修正用于在该机制下行使其职能的标准。

(3) 国务大臣应将该机制或决策，或修正的机制或决策的复印件递交给：

(a) 苏格兰部长；

(b) 威尔士国民议会。

(4) 在本条中：

"设施"包括铁轨、铁路车辆、停车场、通道和设备；

"铁路"一词取其广义。

8. 苏格兰的特许经营和财政扶持

(1) 为了成为特许经营协议的一方，在以下情形下，苏格兰部长应有权向特许经营商提供或同意向其提供财政扶持：

(a) 为确保与特许协议相关的苏格兰铁路服务的提供、改善或发展；或

(b) 为其他任何与提供这些服务相关的目的。

(2) 若全部或主要为了苏格兰的利益，在以下情形下，苏

格兰部长还应有权力向特许协议以外的人员提供或同意向其提供财政扶持：

(a) 为确保铁路服务或铁路资产的提供、改善或发展；或

(b) 其他任何与铁路或铁路服务相关的目的。

(3) 在第（2）款中，"为了苏格兰"指：

(a) 任何与苏格兰服务或拟议中的苏格兰服务有关的目的；

(b) 向全部或部分将在或正在苏格兰境内使用的铁路货运服务的提供，或该服务质量的提高或该服务的发展；

(c) 用于或与：

(i) 即将在或正在苏格兰全部或部分提供的铁路货运服务；或

(ii) 以该方式运输或打算以该方式运输的货物的装载和卸载，

相关的设备的提供、改进和发展。

(4) 在本条中，提供的财政扶持包括：

(a) 补贴或贷款；

(b) 提供担保；

(c) 对法人团体投资。

(5) 在苏格兰部长认为适当的情况下，其根据第（1）款或第（2）款达成的协定或其他协议可包含任何条款或适用任何条件。

(6) 按照本条行使其权力时，对于第 7 条第（1）款所述情

形，苏格兰部长需注意采取与本条所公示的内容相一致的行为。

（7）第（2）款中苏格兰部长的权力，可通过与相关人员就特许协议所提供的服务达成协议或其他协定来行使其权利，该协议或协定根据特许协议达成。

（8）在第（7）款中，若某人为：

（a）特许运营商；

（b）特许经营人；或

（c）特许运营商或特许经营人的员工、代理人或独立承包人，

则此人为特许协议的相关人。

（9）在本条中：

"设施"包括铁轨、铁路车辆、停车场、通道和设备；

"铁路"一词取其广义。

"苏格兰服务"指仅在苏格兰提供的服务或跨境服务。

9. 苏格兰部长对货运服务的扶持公告

（1）本条适用于苏格兰部长起草或修正其根据第8条行使权力的机制以确保以下铁路服务及设施的提供、完善与发展的情形：

（a）铁路货运服务；或

（b）下列相关设备：

（i）铁路货物运输设备；或

（ii）由铁路运输或打算由铁路运输的货物的装载和卸载。

（2）本条还适用于苏格兰部长起草或修正用于在该机制下

行使其职能的标准。

（3）苏格兰部长须将该方案或决策，或机制或决策修订版的复印件递交给国务大臣。

（4）在本条中：

"设施"包括铁轨、铁路车辆、火车站、通路和设备；

"铁路"一词取其广义。

10. 威尔士的特许经营和财政扶持

（1）在：

（a）发布特许经营协议招标，该协议所提供的服务针对或包括威尔士服务，或

（b）就未招标项目所提供的威尔士服务或所包括的威尔士服务达成特许经营协议

之前，国务大臣必须向威尔士国民议会咨询。

（2）除非威尔士国民议会作为协议的一方加入，否则国务大臣可能无法就威尔士专属服务达成特许经营协议。

（3）为了成为特许经营协议〔不论是否属第（2）款的情况〕的签订一方，威尔士国民议会有权或同意向特许经营者提供财政扶持：

（a）为了确保本协议相关威尔士服务的提供及完善，并促进其发展；或

（b）其他与这些服务的提供有关的目的。

（4）威尔士国民议会（全部或主要为了威尔士）同样有权或同意向特许经营协议以外的人员提供财政扶持：

（a）为确保提供、改善或发展协议相关的苏格兰服务；或

（b）为其他任何与这些服务相关的目的。

（5）以下均为第（4）款中"为了威尔士"的解释：

（a）任何与威尔士服务或被建议的威尔士服务有关的目的；

（b）向即将在或正在威尔士境内使用铁路运输的货物提供全部或部分的运输服务，提高服务质量，促进服务发展；

（c）提供相应设施，对其进行改进及发展，将其用于以下方面或与以下相关的其他方面：

（i）即将在或正在威尔士全部或部分提供的铁路货运服务；

（ii）以该方式运输或打算以该方式运输的货物的装载和卸载。

（6）国务大臣或苏格兰部长履行1993年法案第30条（由最后的运营商提供服务）规定的相关威尔士服务职责时，威尔士国民议会可能要向其支付费用。

（7）在本条中，提供的财政扶持包括：

（a）补助或贷款；

（b）提供担保；

（c）对法人团体投资。

（8）在威尔士国民议会认为适当的情况下，可根据第（3）款或第（4）款来签订协议及其他和解协议。

（9）按照本条规定行使权力时，对于第7条第（1）款所述

情形，威尔士国民议会必须确保其符合相关条款的规定。

（10）只有在签订的协议或其他和解协议遵照特许经营协议的情况下，威尔士国民议会才可按照第（4）款的规定，通过相关人员按照特许经营协议提供的服务事项签订协议或和解协议。

（11）第（10）款中的特许经营协议相关人员应满足以下条件：

（a）特许运营商；

（b）特许经营人；

（c）雇员、代理人或特许经营者或特许人的独立承包商。

（12）在本条中：

"设施"包括铁轨、铁路车辆、火车站、通路和设备；

"铁路"一词取其广义。

11. 威尔士国民议会货运服务通知

（1）本条适用于威尔士国民议会按照第 10 条规定制定或修正权力行使方案确保以下铁路服务及设施的提供、完善与发展的情形：

（a）铁路货运服务；或

（b）下列相关设备：

（i）铁路货物运输设备；或

（ii）由铁路运输或打算由铁路运输的货物的装载和卸载。

（2）威尔士国民议会按照上述方案制定或修正其履职准则之决定，同样适用本条规定。

（3）威尔士国民议会须将该方案或决定，或方案或决定修正版的复印件递交给国务大臣。

（4）在本条中：

"设施"包括铁轨、铁路车辆、火车站、通路和设备；

"铁路"一词取其广义。

12. 特许经营协议期满时的转让方案

（1）特许经营协议在现行有效情况下适用本条规定。

（2）国家有关部门可于特许经营期满之时或之后制定特许经营资产转让方案。相关特许经营资产可转让给第（3）款指定的一方或多方。

（3）指定人员包括：

（a）国务大臣；

（b）苏格兰部长；

（c）国务大臣或苏格兰部长全资拥有的公司；

（d）国务大臣或苏格兰部长合资拥有的公司；

（e）特许经营公司。

（4）按照本条规定制定方案前，国家有关部门须与每个人商量符合所提方案规定的相关特许经营资产转让受让人事宜。

（5）在根据本条规定制度的方案生效之日：

（a）受让人须向转让人支付相关费用，或

（b）转让人须向受让人支付相关费用，

相关费用可通过特许经营协议规定或符合特许经营协议规定。

（6）第（5）款规定须符合转让人和受让人之间的任一协议。

（7）附录2（包含有关转让方案的补充条款）适用于本条方案。

（8）在本条中：

"国家有关部门"是指：

（a）作为特许经营协议签订一方的国务大臣；和

（b）作为特许经营协议签订一方的苏格兰部长。

"特许经营公司"是指现在或即将成为特许经营协议规定的特许人或特许经营者；

"相关特许经营资产"是指在特许经营协议期满之前，即将或已经被指定为符合特许经营协议的特许经营资产、财产、权利和责任。

"受让人"是指按照转让方案规定，财产、权利和责任的被转让方；

"转让人"是指按照转让方案规定，财产、权利和责任的转出方。

客运管理人员

13. 铁路客运管理人员的职责

（1）在以下行为之前：

（a）在特许经营协议规定所提供的服务与英国某地区客运管理机构有利害关系的情况下，发出特许经营协议竞标邀请，

（b）在没有发出邀请的情况下参与特许经营协议，

国务大臣须向该地客运管理机构进行咨询。

(2)第(1)款中的"与客运管理机构有利害关系的服务"是指：

(a)客运管理机构所在地区内的铁路客运服务；

(b)以客运管理机构所在地区为终点站或始发站的铁路客运服务。

(3)英国客运地区的客运管理机构和国务大臣可签订和解协议。按照协议规定，会发生下列情形：

(a)客运管理机构和国务大臣有关客运地区铁路客运服务或车站服务或公共汽车换乘服务的付款到期；

(b)国务大臣承诺以特定的方式行使和履行与上述服务相关的权力和职责。

(4)英国客运地区的客运管理机构可加入特许经营者和特许人关于下列服务的有关事宜签订的特许经营协议：

(a)地区内的铁路客运服务；

(b)与任一服务有关的车站服务。

(5)英国客运地区的客运管理机构不得与下列人员签订协议〔不论是否遵照第(4)款规定〕：

(a)与特许经营协议有关的特许人或特许经营者，或

(b)特许人或特许经营者的提名人，

除非该协议经国务大臣批准。

(6)国务大臣可以：

(a)对第(5)款规定的有关协议描述进行一般审批，也可

对特殊协议进行具体审批，

（b）在任何协议签订之前，可在任何时候撤销审批。

（7）英国客运地区的客运管理机构作为签订方签订的协议，包括服务内容针对或包括该地区内铁路客运服务的特许经营协议。

（8）国务大臣和英国客运地区的客运管理机构须向彼此提供以下其他信息：

（a）与其铁路或铁路服务职责相关的其他合理要求；

（b）除本款规定之外，可合法进行披露的信息（视情况而定）。

（9）在本条规定中：

（a）客运地区的铁路客运服务是指地区内不同地点间的铁路客运服务，或地区内的地点与允许范围内地区外的地点间的铁路客运服务；

（b）地区内车站服务是指与铁路客运服务相关的任何车站服务；

（c）地区内公共汽车换乘服务是指地区内不同地点间的客运服务或地区内的地点与允许范围内地区外的地点间的客运服务；

本条规定中的"允许范围内"与《1968 年交通法》（c.73）第 10 条第（1）款（ii）项中的规定同义。

14.客运管理机构相关规定的废除与保留

（1）以下规定均已停止生效：

(a)《1968 年交通法》第 10 条第（1）款（vi）、（viza）项（与铁路战略管理局签订协议的权力）；

(b)《1968 年交通法》第 20 条第（2）款（b）项和第（3）款（协议规定客运管理机构提供铁路客运服务和相关信息的职责）；

(c) 1993 年法案第 34 条和第 35 条[《1968 年交通法》第 20 条第（2）款规定的客运管理机构在特许经营、协议的终止与更改中所起作用]。

(2) 根据第（3）款的规定，第（1）款规定生效前的特许经营协议签订方客运管理机构可在第（1）款规定生效后继续作为特许经营协议签订方，按照本条第（1）款与第（13）款的规定行使权利和履行义务。

(3) 作为第（1）款生效前特许经营协议的签订方，客运管理机构可在第（1）款生效后继续作为特许经营协议签订方：

(a) 为使协议生效，忽略本条第（2）款和第 13 条第（4）款、第（7）款之规定。通过本协议，客运管理机构的协议签订方身份可被终止；

(b) 客运管理机构须遵守国务大臣的所有指示，终止协议签订方身份。

(4) 本条的条款和本法案的相关废除规定不影响以下与第（1）款规定生效前签订的特许经营协议有关的条款申请，即：

(a) 1993 年法案第 34 条第（17）款；

(b) 与该章具体条款相关且现行有效的其他任何法规。

伦敦

15. 国务大臣与伦敦交通局的合作职责

(1)《1999 年大伦敦机构法》(c. 29) 第 175 条（伦敦交通局与铁路战略管理局的合作职责）所作修订如下。

(2) 在第（1）款规定（合作职责）中：

(a) 第一次出现的"铁路战略管理局"代指"国务大臣"；

(b) 省去（b）项规定后的表述（与信息交换有关）。

(3) 在第（1）款规定后加入以下规定：

"（1A）在以下行为之前：

(a) 发出特许经营协议竞标邀请，特许经营协议规定所提供的服务是或包括伦敦铁路客运服务，或

(b) 在没有发出邀请的情况下参与特许经营协议，

国务大臣须向伦敦交通局进行咨询。

（1B）国务大臣和伦敦交通局须向彼此提供以下其他信息：

(a) 第（1）款（a）项或（b）项提到的其他合理要求；

(b) 除本款规定之外，可合法进行披露的信息（视情况而定）。"

(4) 在第（2）款规定（伦敦交通局和铁路战略管理局签订关于权责行使与履行协议的权力）中，将"铁路战略管理局"替换为"国务大臣"。

(5) 在第（2）款规定后加入以下规定：

"（2A）协议包括规定伦敦交通局向国务大臣支付有关款项的协议：

（a）伦敦铁路客运服务的有关款项；

（b）与铁路客运服务相关的车站服务的有关款项；或

（c）作为伦敦铁路客运服务替代者的公共汽车换乘服务的有关款项。"

（6）在第（3）款规定（有关铁路战略管理局）中，将"铁路战略管理局"、"它的"和"它"分别替换为"国务大臣"、"他的"和"他"。

（7）在第（3）款规定后加入以下规定：

"（3A）本条中伦敦铁路客运服务是指：

（a）在大伦敦不同地点间的铁路客运服务；或

（b）大伦敦不同地点与大伦敦外不同地点间的铁路客运服务。

（3B）本条中所用表达与1993年法案第一部分所用表达同义。"

16. 对伦敦交通局合约限制的放松

（1）《1999年大伦敦机构法》（c. 29）第201条（限制伦敦交通局签订包含1993年法案中持证规定的协议）须停止生效。

（2）伦敦交通局不得与下列人员签订协议：

（a）与特许经营协议有关的特许人或特许经营者，或

（b）特许人或特许经营者的提名人，

除非该协议经国务大臣批准。

（3）在伦敦交通局或其子公司是铁路设备拥有者或授权使用者的情况下，专门涉及铁路设备拥有者授权许可他人使用铁

路设备的协议无需获得国务大臣批准。

（4）国务大臣可以：

（a）对第（2）款规定的有关协议描述进行一般审批，也可对特殊协议进行具体审批，

（b）在任何协议签订之前，可在任何时候撤销审批。

（5）伦敦交通局作为签订方签订的协议包括服务内容针对或包括大伦敦不同地点间铁路客运服务的特许经营协议。

（6）本条所称"子公司"与《1985年公司法》（c.6）第736条中表述同义。

17. 伦敦交通局的会员资格

（1）《1999年大伦敦机构法》（c.29）附录10第2条（伦敦交通局会员资格）所作修订如下。

（2）第（1）款（限制市长任命会员的最大数量为15人）中的"15"改为"17"。

（3）第（2）款（限制市长本身为会员的伦敦交通局会员最大数量为14人）中的"16"改为"14"。

（4）在第（2）款规定后加入以下规定：

"（2A）市长须按照本款规定行使权力，确保伦敦交通局至少有2名会员能够代表在大伦敦之外地区生活、工作和学习的人们的利益，确保其能或可能享受到伦敦交通局履职尽责提供的铁路客运服务。"

（5）在第（2）款规定后加入以下规定：

"（3A）在执行第（2）款规定前，市长须向享受第（2）款

规定服务的各地区区域规划机构咨询。"

（6）在第（5）款规定后加入以下规定：

"（5A）尽管有第（4）款和第（5）款规定：

（a）主要委员会会员可由市长依据第（2A）项之规定任命担任或继续担任伦敦交通局会员；但是

（b）英国交通局此类会员的数量不得同时超过 2 位。"

（7）在第（7）款规定后加入以下规定：

"本款所称：

'铁路客运服务'与 1993 年法案第一章所用表达同义；

'区域规划机构'和'地区'与《2004 年规划和强制性收购法》所用表达同义。"

（8）第（4）款生效后的 6 个月时间里，伦敦市市长须履行以下职责：

（a）审查伦敦交通局现有会员；

（b）决定在相关法条后增设项对其按照《1999 年大伦敦机构法》附录 10 第 2 条规定行使权力是否重要。

（9）作决定前，市长须向在执行第（2）款规定前咨询的同一地区规划机构[意义同第（5）款表述]咨询。

最后提供者提供的服务

18. 有关他人资助服务的责任要求

（1）在 1993 年法案第 30 条第（3）款（限制最后提供者提供服务的责任）（a）项后增设：

"（aa）要求相关特许经营机构提供或确保提供威尔士服

务，此特许经营机构认为其将不会从威尔士国民议会获得与威尔士国民议会向先前特许经营人支付的服务费用金额相等的服务资金；

（ab）要求国务大臣在客运管理机构所在地区提供或确保提供服务，国务大臣认为其将不会从客运管理机构获得与客运管理机构向先前特许经营人支付的服务费用金额相等的服务资金；

（ac）要求国务大臣在大伦敦提供或确保提供电话预约服务，国务大臣认为其将不会从伦敦交通局获得与伦敦交通局向先前特许经营人支付的服务费用金额相等的服务资金；"

（2）在1993年法案第30条后增设：

"（3C）在本条中：

铁路客运服务相关'先前特许经营人'是指特许经济协议中先前提供服务的特许经营人；

'威尔士服务'与《2005年铁路法》中表述同义；

本条中的客运管理机构和地区内客运管理机构与《2005年铁路法》第13条中的表述同义。"

第三章　铁路乘客议会与铁路乘客委员会

19. 铁路乘客议会

（1）应该设置法人团体——铁路乘客议会。

（2）铁路乘客议会应当包括：

（a）一名由国务大臣提名的主席；

（b）一名由苏格兰部长提名的委员；

（c）一名由威尔士国家议会提名的委员；

（d）一名由伦敦议会从伦敦交通委员会的委员中提名的委员；

（e）国务大臣同主席商议后提名其他不超过 12 名委员。

（3）主席和其他委员应当：

（a）根据其提名的任期和条件履职；

(b) 在停职之后，能够重新被提名。

(4) 根据第（2）款（b）项和（c）项的规定，提名的任期和条件须征得国务大臣批准。

(5) 在确定提名的任期和条件时，伦敦议会必须征得国务大臣批准。

(6) 自本款生效之日起。根据 1993 年法案第 3 条第（2）款成立的铁路乘客议会同时废止。

(7) 适用于铁路乘客委员会 [1993 年法案第 3 条第（2）款成立的] 仲裁的条例、文契和其他文件，自委员会成立之日起产生效力。

(8) 如果国务大臣认为有合理理由或能够预见根据第（1）款即将成立铁路乘客委员会，其有权停止提名任何人成为 1993 年法案规定的乘客委员会的主席及其成员。

(9) 该主席或委员的任期尚未结束，却因第（8）款的规定而终止的，如果国务大臣认为理由合理，应该支付此人相应的赔偿金，赔偿金的数额由国务大臣决定。

(10) 附录 5 已生效 [此条款作为第（1）款成立委员会的补充条款]。

20. 委员会授予的职能

在 1993 年法案第 76 条（铁路乘客委员会的职能）之后增设：

"76A 根据第 76 条第（7A）款授权的义务

(1) 铁路乘客委员会和其他公共法人能达成协定且根据此

29

协议该主体能够为以下情况负责：

（a）决定什么是第 76 条（7A）款规定的、与协议专门指定地区有关的应急之策。

（b）依据行使议会的权力。

（2）只要根据此条该协议有法律效力，那么：

（a）以上第 76 条（7A）款所赋予铁路乘客议会的权利与协议中明确说明的相关部分应当被认可。

（b）在与之相关的范围内，任何单位和个人无权干涉该议会行使以上款项中所提及的权力。

（3）根据此条规定达成的协议：

（a）在协议各方同意的前提下达成这些条件和条款，

（b）可以包括根据本条的规定达成的某些条款，这些条款确定了在何种情况下事情视为完成，或根据第 76 条（7A）款的规定，在何种情况下依据协议的明确规定，事情视为完成。

（4）此条中铁路委员会与其他公共法人所达成的协议必须征得英国国务大臣的批准。

（5）在此条中，'公共法人'指的是根据被授予或者依'相关法律'行使权力的权力机关或者其他法人机构。

（6）在第（5）款中，'相关法律'包括苏格兰议会中的相关法律。"

21. 铁路乘客委员会

（1）从 1993 年法案第 2 条第（2）款生效之日起，根据该款规定成立的铁路乘客委员会停止存在。

（2）在 1993 年法案第 68 条第（2）款规定（铁路监管办公室有权要求铁路乘客委员会对事实进行调查）中，将"铁路乘客委员会"（the Rail Passengers' Council）替换为"铁路乘客委员会"（a Rail Passengers' Committee）。

（3）附录 6（赋予伦敦运输客户委员会继续行使原铁路乘客委员会的权力）已生效。

（4）如果国务大臣认为有相关的适当理由废止铁路乘客委员会，其能够解聘委员会主席或委员。

（5）若某人因第（4）款的规定而被解聘，但任期尚未结束的，如果国务大臣认为有合理理由，将支付其相应的补偿，这一数额由国务大臣决定。

第四章　网络的变更

中止铁路客运服务

22. 非特许运营商所提出的动议

（1）本条适用于下列情形：

（a）除满足特许经营协议规定情形之外，在特定线路上运营或从特定车站出发的一切相关的铁路客运服务；

（b）运营商提出了中止某个线路或从某个车站出发的一切相关的铁路客运服务的动议；

（c）这项动议不属于（对客运服务进行的）轻微变更。

（2）前款所称的"相关的铁路客运服务"指的是不包括以下内容的铁路客运服务：

（a）安全保卫服务；

(b) 试验性的铁路客运服务；

(c) 往返英吉利海峡海底隧道的客运服务；

(d) 该条线路或车站的日常运行计划之外的客运服务；或者

(e) 基于第 38 条规定而作出的指令，不适用本条之规定。

(3) 运营商必须将下列内容通知有关管理部门：

(a) 中止客运服务之动议的详情描述；

(b) 依据第 (5) 款规定所进行的结果评估的摘要。

(4) 通知中的详情描述必须包括以下细则，尤其是：

(a) 动议所涉及的服务内容；

(b) 动议的日期（拟停止服务的日期），并且该日期必须是在提交报告之日起的 3 个月以后。

(5) 在依据第 (3) 款之规定进行通知之前，运营商必须就该动议是否符合关闭指引中相关部分所规定的情形进行评估；评估工作必须依照关闭指引的要求来执行。

(6) 依据第 (3) 款之规定，接收通知的有关管理部门应当履行以下职责：

(a) 审查（中止客运服务之动议所依据的）情形是否出现；以及

(b) 在动议日期（拟中止服务的日期）之前，依据关闭指引中相关部分所设置的条件，就该问题提出意见。

(7) 如果有关管理部门认为符合关闭的情形，它必须：

(a) 依据附录 7 的要求，就这一动议召开讨论会；并且

33

(b) 在讨论会结束后，通知运营商自己又改变了意见，或者将该动议（未经修改的或经过修改的）提交铁路监管办公室。

(8) 运营商在这些过渡期间内，不得中止相关的铁路客运服务。

(9) 如果：

(a) 有关管理部门依据第（6）款（b）项之规定，认为客运服务不应当被中止；

(b) 有关管理部门在召开了第（7）款（a）项规定的讨论会后改变了意见；

(c) 依据第（7）款（b）项之规定，在将动议提交给铁路监管办公室后，铁路监管办公室签发了不批准关闭的通知；

上述情况出现后，有关管理部门必须在过渡期间结束前，保障动议所涉及的客运服务得以继续维持。

(10) 如果任何服务内容是依据特许经营协议所提供的，则第（9）款所规定的一切义务均不再适用。

(11) 本条所称的"有关管理部门"是指：

(a) 如果动议仅仅涉及苏格兰范围内的服务，则该部门是指苏格兰部长；

(b) 在其他情况下，指的是国务大臣。

23. 资金监管机构所提出的中止铁路客运服务的动议

(1) 本条适用于：

(a) 除满足特许经营协议规定情形之外，在特定线路上运营或从特定车站出发的一切相关的铁路客运服务；

(b) 由铁路资金监管机构依据第 41 条之规定，要求中止在上述线路上运营或从上述车站出发的一切相关的铁路客运服务的任何动议；以及

(c) 这项动议不属于（对客运服务进行的）轻微变更。

(2) 前款所称的"相关的铁路客运服务"指的是不包括以下内容的铁路客运服务：

(a) 安全保卫服务；

(b) 试验性的铁路客运服务；

(c) 往返英吉利海峡海底隧道的客运服务；

(d) 该条线路或车站的日常运行计划之外的客运服务；或者

(e) 基于第 38 条规定所作出指令而不适用本条之规定的服务。

(3) 铁路资金监管机构作出的动议必须满足以下条件：

(a) 向有关管理部门就该动议作出报告，但有关管理部门作出动议的除外；

(b) 依据附录 7 之规定，召开一个关于该动议的讨论会；以及

(c) 经讨论会研究后，驳回该动议或者将该动议（未经修改的或经过修改的）提交铁路监管办公室。

(4) 依据第（3）款（a）项之规定，向有关管理部门作出的报告必须包括以下内容：

(a) 中止客运服务之动议的详情描述，具体而言，包括：

(i) 动议所涉及的服务内容；

(ii) 动议的日期（拟停止服务的日期）。

(b) 依据第（5）款规定所进行的结果评估的摘要。

(5) 在实施以下行动之前：

(a) 依据第（3）款（a）项之规定向有关管理部门就该动议作出报告，但有关管理部所作出动议的除外；

(b) 在任何其他情况之下，在依据第（3）款（b）项之规定召开讨论会之前，作出动议的铁路资金监管机构必须就该动议是否符合关闭指引中相关部分所规定的情形进行评估；评估工作必须依照关闭指引的要求来执行。

(6) 如果相关客运服务项下的协议约定在过渡期内，这些服务可以停止提供的，有关管理部门必须确保这些服务在过渡期内继续维持。

(7) 如果依据前述第（3）款（c）项之规定，铁路监管办公室签发了不批准关闭的通知，则有关管理部门必须在过渡期间结束后，保障动议所涉及的客运服务得以继续维持。

(8) 如果任何服务内容是依据特许经营协议所提供的，则第（7）款所规定的一切义务均不再适用。

(9) 本条所称的"有关管理部门"是指：

(a) 如果动议仅仅涉及苏格兰范围内的服务，则该部门是指苏格兰部长；

(b) 在其他情况下，指的是国务大臣。

24. 中止特许经营服务或安全保卫服务的动议

（1）本条适用于：

（a）在特定线路上运营或从特定车站出发的，应当列入第（2）款范围之内的一切相关的铁路客运服务；

（b）有关管理部门依据第 41 条所作出的，中止在特定线路上运营或从特定车站出发的一切客运服务的动议；

（c）这项动议不属于（对客运服务进行的）轻微变更。

（2）本款所称的"服务"包括以下内容：

（a）属于特许经营性质的服务；

（b）安全保卫服务；

（3）上述第（1）款所称的"相关的铁路客运服务"指的是不包括以下内容的铁路客运服务：

（a）安全保卫服务；

（b）试验性的铁路客运服务；

（c）往返英吉利海峡海底隧道的客运服务；

（d）该条线路或车站的日常运行计划之外的客运服务；或者

（e）基于第 38 条规定所作出的指令而不适用本条之规定的服务。

（4）铁路资金监管机构作出的动议必须满足以下条件：

（a）向有关管理部门就该动议作出报告，但有关管理部门作出动议的除外；

（b）依据附录 7 之规定，召开一个关于该动议的讨论会；

（c）经讨论会研究后，驳回该动议或者将该动议（未经修改的或经过修改的）提交铁路监管办公室。

（5）依据第（4）款（a）项之规定，向有关管理部门所作的报告须包括：

（a）中止客运服务之动议的详情描述，具体而言，包括：

（i）动议所涉及的服务内容；

（ii）动议的日期（拟停止服务的日期）。

（b）依据第（6）款规定所进行的结果评估的摘要。

（6）在实施以下行动之前：

（a）依据第（4）款（a）项之规定向有关管理部门就该动议作出报告，但有关管理部门作出动议的除外；

（b）在任何其他情况之下，在依据第（4）款（b）项之规定召开讨论会之前，作出动议的铁路资金监管机构必须就该动议是否符合关闭指引中相关部分所规定的情形进行评估；评估工作必须依照关闭指引的要求来执行。

（7）如果特许经营协议或者相关服务项下的任何协议约定在过渡期内，这些服务可以停止提供的，有关管理部门必须确保这些服务在过渡期内继续维持。

.（8）如果依据前述第（4）款（c）项之规定，铁路监管办公室签发了不批准关闭的通知，则有关管理部门必须在过渡期间结束后，保障动议所涉及的客运服务得以继续维持。

（9）根据第（8）款之规定，有关管理部门的职责在以下情形中有所不同：

（a）在特许经营协议或者其他协议有明确规定，而有关管理部门未采取进一步措施之前，它的职责被免除；只要相关协议约定应当继续提供服务，它的职责在动议发出之时就生效，并且在动议未被修改之前继续有效；以及

（b）当依据特许经营协议约定，这些服务继续被提供时，它的职责终止。

（10）第（7）款或第（8）款所规定的内容，并不要求国务大臣确保威尔士地区的客运服务，除非其认为将会从威尔士国民议会获得与这些运营商们能够支付的维持上述服务正常运行所需要的额度相当的资金。

（11）本条所称的"有关管理部门"是指：

（a）如果动议仅仅涉及苏格兰范围内的服务，则该部门是指苏格兰部长；

（b）在其他情况下，指的是国务大臣。

（12）针对第（11）款之规定，跨境服务是一种满足以下条件的"相关的跨境服务"：

（a）并非从威尔士开始或者结束，或在威尔士预订的服务；

（b）该服务的资金更多地来自苏格兰部长，而不是国务大臣。

25. 中止专营性服务的动议

（1）当运营商提出了中止某个线路或从某个车站出发的一切属于该运营商经营的专营性客运服务时，必须遵守：

（a）适用本条以下条款的与特别程序专营性服务（伦敦地

区的专营性服务除外）有关的所有动议；

（b）附录 8 中适用于与特别程序专营性服务（包括伦敦地区的专营性服务）有关的所有动议。

（2）运营商必须向有关管理部门就以下事项作出通知：

（a）中止客运服务之动议的详情描述，具体而言，包括：

（b）依据第（4）款规定所进行的结果评估的摘要。

（3）通知中的详情描述必须包括以下细则，尤其是：

（a）动议所涉及的服务内容；

（b）动议的日期（拟停止服务的日期），并且该日期必须是在提交报告之日起的 3 个月以后。

（4）在依据第（2）款之规定进行通知之前，运营商必须就该动议是否符合关闭指引中相关部分所规定的情形进行评估；评估工作必须依照关闭指引的要求来执行。

（5）依据第（2）款之规定，接收通知有关管理部门应当履行以下职责：

（a）审查（中止客运服务之动议所依据的）情形是否出现；

（b）在动议日期（拟中止服务的日期）之前，依据关闭指引中相关部分所设置的条件，就该问题提出意见。

（6）如果有关管理部门认为符合关闭的情形，它必须：

（a）依据附录 7 的要求，就这一动议召开讨论会；

（b）在讨论会结束后，通知运营商自己又改变了意见，或者将该动议（未经修改的或经过修改的）提交铁路监管办公室。

铁路监管办公室在未作出同意中止服务的通知前，运营商不得私自中止服务。

（7）在本条中，下列术语的含义为：

"专营性服务"，指以下情形之外的铁路客运服务：

（a）第 22 条第（1）款、第 23 条第（1）款以及第 24 条第（1）款规定的、相关的铁路客运服务；或者

（b）试验性的铁路客运服务。

"伦敦地区的专营性服务"指的是以下情形的专营性服务：

（a）由伦敦交通局或其下属公司所经营的专营性服务；或者

（b）基于英国国务大臣的命令而制定的，符合本款内容之目的的伦敦地区的铁路客运服务，或是上述服务内容的类型。

"特别程序专营性服务"，是指基于有关管理部门的命令而制定的，符合本款内容之目的的特别程序服务，或是上述服务的类型。

"有关管理部门"是指：

（a）动议所涉及的一项或者数项服务是：

（i）仅限于苏格兰地区的服务，或者

（ii）仅仅由苏格兰部长投资设立的跨境服务时，指的是苏格兰部长。

（b）在其他情况下，指的是国务大臣。

（8）对于在大伦敦地区内通过电话预定的，出发地和到达地均在大伦敦区范围内的服务的设定，可以由国务大臣通过命

令来制定一项基于本款内容之目的的服务，也可以在上述指定的类型内设定。

（9）设定专营性服务或者专营性服务的内容的命令，符合以下情形的：

（a）设定伦敦地区的专营性服务，或者

（b）设定特别程序专营性服务。

应当遵守消极解决程序之规定。

（10）在本条规定生效之前，任何依据1993年法案（该法案的附录5的适用）第49条第（3）款规定的已经生效的命令，在本条规定生效后仍然有效。

（11）在本款规定生效之前，任何依据1993年法案附录5的第5A条第（1）款（b）项规定所作出的命令，在本款规定生效后继续有效，可以设定任何专营性服务及服务类型，包括在伦敦地区的服务。

（12）在本条规定中［除了已经提到的内容、第（7）款中"专营性服务"的定义、"相关铁路客运服务"外］，"铁路"的含义采取最广义的理解。

中止客运网络的运营

26. 运营商所提出的中止客运网络的动议

（1）本条适用于：

（a）网络的运营商所提出的中止网络或该网络某些部分的运作的建议；

（b）该网络，或其中的一部分，在过去5年内的任何一段时间里，已被用作铁路客运服务或者与铁路客运服务有关；

（c）该网络或该网络的一部分未被保障；

（d）该网络或该网络的某部分不属于根据第 38 条的规定而排除本条之适用的情形；

（e）这项动议不属于轻微变更。

（2）属于下列情形的，或者与下列情形有关的服务，不属于第（1）款（b）项所规定的服务：

（a）试验性客运服务；

（b）往返英吉利海峡海底隧道的客运服务；

（c）该条线路或车站的日常运行计划之外的客运服务。

（3）运营商须向有权管理部门发出通知：

（a）有关封闭的建议的详情；

（b）根据第（5）款规定所进行的评估结果的摘要。

（4）该通知书所载详情须包括：

（a）动议所涉及的网络的范围；

（b）动议的日期（拟中止的日期），并且该日期必须是在提交报告之日起的 3 个月以后。

（5）在依据第（3）款之规定进行通知之前，运营商必须就该动议是否符合关闭指引中相关部分所规定的情形进行评估；评估工作必须依照关闭指引的要求来执行。

（6）依据第（2）款之规定，接收通知的有关管理部门应当履行以下职责：

（a）审查（中止动议所依据的）情形是否出现；以及

(b) 在动议日期（拟中止日期）之前，依据关闭指引中相关部分所设置的条件，就该问题提出意见。

(7) 如果有关管理部门认为符合关闭的情形，它必须：

(a) 依据附录 7 的要求，就这一动议召开讨论会；并且

(b) 在讨论会结束后，通知运营商自己又改变了意见，或者将该动议（未经修改的或经过修改的）提交铁路监管办公室。

(8) 运营商在这些过渡期间内，不得中止相关的铁路客运网络。

(9) 如果：

(a) 有关管理部门依据第（6）款（b）项之规定，认为不应当中止；

(b) 有关管理部门在召开了第（7）款（a）项规定的讨论会后改变了意见；

(c) 依据第（7）款（b）项之规定，在将动议提交给铁路监管办公室后，铁路监管办公室签发了不批准关闭的通知；

上述情况出现后，有关管理部门必须在过渡期间结束前，保障动议所涉及的网络的运营得以继续维持。

(10) 本条所称的"有关管理部门"是指：

(a) 如果动议仅仅涉及苏格兰范围内的网络，则该部门是指苏格兰部长；

(b) 该网络的部分或全部位于英格兰和威尔士，指的是国务大臣。

当动议涉及网络的部分或全部跨越了英格兰、威尔士和苏

格兰时，该动议被视为两个独立的动议，此时的"有关管理部门"分别指苏格兰部长和国务大臣。

27. 资金监管机构所提出的中止铁路客运网络的动议

（1）本条适用于：

（a）资金监管机构根据第 41 条所提出的动议，要求中止网络或部分网络的运作；

（b）该网络，或其中的一部分，在过去 5 年内的任何一段时间里，已被用作铁路客运服务或者与铁路客运服务有关；

（c）该网络或该网络的一部分未被保障；

（d）该网络或该网络的某部分不属于根据第 38 条的规定而排除本条之适用的情形；

（e）这项动议不属于轻微变更。

（2）属于下列情形的，或者与下列情形有关的服务，不属于第（1）款（b）项所规定的服务：

（a）试验性客运服务；

（b）往返英吉利海峡海底隧道的客运服务；

（c）该条线路或车站的日常运行计划之外的客运服务。

（3）资金监管机构作出的动议必须满足以下条件：

（a）向有关管理部门就该动议作出报告，但有关管理部门作出动议的除外；

（b）依据附录 7 之规定，召开一个关于该动议的讨论会；

（c）经讨论会研究后，驳回该动议或者将该动议（未经修改的或经过修改的）提交铁路监管办公室。

（4）依据第（3）款（a）项之规定，向有关管理部门作出的报告必须包括以下内容：

（a）中止动议的详情描述，具体而言，包括：

（i）动议所涉及的网络的内容；

（ii）动议的日期（拟中止的日期）。

（b）依据第（5）款规定所进行的结果评估的摘要。

（5）在实施以下行动之前：

（a）依据第（3）款（a）项之规定向有关管理部门就该动议作出报告，但有关管理部门作出动议的除外；

（b）在任何其他情况之下，在依据第（3）款（b）项之规定召开讨论会之前，作出动议的铁路资金监管机构必须就该动议是否符合关闭指引中相关部分所规定的情形进行评估；评估工作必须依照关闭指引的要求来执行。

（6）如果相关网络项下的协议约定在过渡期内，这些网络可以中止运营的，有关管理部门必须确保这些网络在过渡期内继续维持运营。

（7）如果依据前述第（3）款（c）项之规定，铁路监管办公室签发了不批准关闭的通知，则有关管理部门必须在过渡期间结束后，保障动议所涉及的网络得以继续维持运营。

（8）本条所称的"有关管理部门"是指：

（a）如果动议仅仅涉及苏格兰范围内的网络，则该部门是指苏格兰部长；

（b）该网络的部分或全部位于英格兰和威尔士，则该部门是指国务大臣。

当动议涉及网络的部分或全部跨越了英格兰和威尔士、苏格兰时，该动议被视为两个独立的动议，此时的"有关管理部门"分别指苏格兰部长和国务大臣。

28. 中止被保障的网络的动议

（1）本条适用于：

（a）资金监管机构根据第 41 条所提出的动议，要求中止网络或部分网络的运作；

（b）该网络，或其中的一部分，在过去 5 年内的任何一段时间里，已被用作铁路客运服务或者与铁路客运服务有关；

（c）该网络或该网络的某部分不属于根据第 38 条的规定而排除本条之适用的情形；

（d）这项动议不属于轻微变更。

（2）属于下列情形的，或者与下列情形有关的服务，不属于第（1）款（b）项所规定的服务：

（a）试验性客运服务；

（b）往返英吉利海峡海底隧道的客运服务；

（c）该条线路或车站的日常运行计划之外的客运服务。

（3）资金监管机构作出的动议必须满足以下条件：

（a）向有关管理部门就该动议作出报告，但有关管理部门作出动议的除外；

（b）依据附录 7 之规定，召开一个关于该动议的讨论会；

（c）经讨论会研究后，驳回该动议或者将该动议（未经修改的或经过修改的）提交铁路监管办公室。

(4) 依据第（3）款（a）项之规定，向有关管理部门作出的报告必须包括以下内容：

(a) 中止动议的详情描述，具体而言，包括：

(i) 动议所涉及的网络的范围；

(ii) 动议的日期（拟中止的日期）。

(b) 依据第（5）款规定所进行的结果评估的摘要。

(5) 在实施以下行动之前：

(a) 依据第（3）款（a）项之规定向有关管理部门就该动议作出报告，但有关管理部门作出动议的除外；

(b) 在任何其他情况之下，在依据第（3）款（b）项之规定召开讨论会之前，作出动议的铁路资金监管机构必须就该动议是否符合关闭指引中相关部分所规定的情形进行评估；评估工作必须依照关闭指引的要求来执行。

(6) 如果相关网络或其中的一部分项下的协议约定在过渡期内，这些网络可以中止运营的，有关管理部门必须确保这些网络在过渡期内继续维持运营。

(7) 如果依据前述第（3）款（c）项之规定，铁路监管办公室签发了不批准关闭的通知，则有关管理部门必须在过渡期间结束后，保障动议所涉及的网络得以继续运营。

(8) 在在特许经营协议或者其他协议有明确规定，而有关管理部门未采取进一步措施之前，它的职责被免除；只要相关协议约定应当继续运营该网络，它的职责在动议发出之时就生效，并且在动议未被修改之前继续有效。

(9) 本条所称的"有关管理部门"是指:

(a) 如果动议仅仅涉及苏格兰范围内的网络,则该部门是指苏格兰部长;

(b) 该网络的部分或全部位于英格兰和威尔士,则该部门是指国务大臣。

当动议涉及网络的部分或全部跨越了英格兰和威尔士、苏格兰时,该动议被视为两个独立的动议,此时的"有关管理部门"分别指苏格兰部长和国务大臣。

车站使用或运营的中止

29. 运营商提出的关闭车站的动议

(1) 本条适用于:

(a) 车站的运营商提出的中止使用某个车站或其中一部分的动议;

(b) 该网络,或其中的一部分,在过去 5 年内的任何一段时间里,已被用作铁路客运服务或者与铁路客运服务有关;

(c) 该网络或该网络的一部分未被保障;

(d) 该网络或该网络的某部分不属于根据第 38 条的规定而排除本条之适用的情形;

(e) 这项动议不属于轻微变更。

(2) 属于下列情形的,或者与下列情形有关的服务,不属于第 (1) 款 (b) 项所规定的服务:

(a) 试验性客运服务;

（b）往返英吉利海峡海底隧道的客运服务；

（c）该条线路或车站的日常运行计划之外的客运服务。

（3）运营商须向有权管理部门发出通知：

（a）有关封闭的建议的详情；

（b）根据第（5）款规定所进行的评估结果的摘要。

（4）该通知书所载详情须包括：

（a）动议所涉及的车站的范围；

（b）动议的日期（拟关闭的日期），并且该日期必须是在提交报告之日起的3个月以后。

（5）在依据第（3）款之规定进行通知之前，运营商必须就该动议是否符合关闭指引中相关部分所规定的情形进行评估；评估工作必须依照关闭指引的要求来执行。

（6）依据第（3）款之规定，接收通知的有关管理部门应当履行以下职责：

（a）审查（关闭车站之动议所依据的）情形是否出现；

（b）在动议日期（拟关闭的日期）之前，依据关闭指引中相关部分所设置的条件，就该问题提出意见。

（7）如果有关管理部门认为符合关闭的情形，它必须：

（a）依据附录7的要求，就这一动议召开讨论会；并且

（b）在讨论会结束后，通知运营商自己又改变了意见，或者将该动议（未经修改的或经过修改的）提交铁路监管办公室。

（8）运营商在这些过渡期间内，不得关闭车站。

（9）如果：

（a）有关管理部门依据第（6）款（b）项之规定认为不应当关闭车站；

（b）有关管理部门在召开了第（7）款（a）项规定的讨论会后改变了意见；

（c）依据第（7）款（b）项之规定，在将动议提交给铁路监管办公室后，铁路监管办公室签发了不批准关闭的通知；

上述情况出现后，有关管理部门必须在过渡期间结束前，保障动议所涉及的车站得以继续维持运营。

（10）本条所称的"有关管理部门"是指：

（a）如果动议仅仅涉及苏格兰范围内的车站，则该部门是指苏格兰部长；

（b）该车站的部分或全部位于英格兰和威尔士，指的是国务大臣。

30. 资金监管机构提出的关闭车站的动议

（1）本条适用于：

（a）资金监管机构根据第 41 条所提出的动议，要求中止车站或车站的一部分的运作；

（b）该车站或者车站的一部分，在过去 5 年内的任何一段时间里，已被用作铁路客运服务或者与铁路客运服务有关；

（c）该车站或该车站的一部分未被保障；

（d）该网络或该网络的某部分不属于根据第 38 条的规定而排除本条之适用的情形；

（e）这项动议不属于轻微变更。

（2）属于下列情形的，或者与下列情形有关的服务，不属于第（1）款（b）项所规定的服务：

（a）试验性客运服务；

（b）往返英吉利海峡海底隧道的客运服务；

（c）该条线路或车站的日常运行计划之外的客运服务。

（3）资金监管机构作出的动议必须满足以下条件：

（a）向有关管理部门就该动议作出报告，但有关管理部门作出动议的除外；

（b）依据附录7之规定，召开一个关于该动议的讨论会；

（c）经讨论会研究后，驳回该动议或者将该动议（未经修改的或经过修改的）提交铁路监管办公室。

（4）依据第（3）款（a）项之规定，向有关管理部门作出的报告必须包括以下内容：

（a）关闭动议的详情描述，具体而言，包括：

（i）动议所涉及的车站的范围；

（ii）动议的日期（拟关闭务的日期）。

（b）依据第（5）款规定所进行的结果评估的摘要。

（5）在实施以下行动之前：

（a）依据第（3）款（a）项之规定向有关管理部门就该动议作出报告，但有关管理部门作出动议的除外；

（b）在任何其他情况之下，在依据第（3）款（b）项之规定召开讨论会之前，作出动议的铁路资金监管机构必须就该动议是否符合关闭指引中相关部分所规定的情形进行评估；评估工作必须依照关闭指引的要求来执行。

（6）如果相关车站项下的协议约定在过渡期内，这些车站可以关闭的，有关管理部门必须确保这些车站在过渡期内继续维持运营。

（7）如果依据前述第（3）款（c）项之规定，铁路监管办公室签发了不批准关闭的通知，则有关管理部门必须在过渡期间结束后，保障动议所涉及的车站得以继续维持运营。

（8）本条所称的"有关管理部门"是指：

（a）如果动议仅仅涉及苏格兰范围内的车站，则该部门是指苏格兰部长；

（b）该车站的部分或全部位于英格兰和威尔士，指的是国务大臣。

31. 中止被保障的车站服务的动议

（1）本条适用于：

（a）资金监管机构根据第 41 条所提出的动议，要求中止车站或车站的一部分的运作；

（b）该车站或者其中的一部分，在过去 5 年内的任何一段时间里，已被用作铁路客运服务或者与铁路客运服务有关；

（c）该车站或该车站的某部分不属于根据第 38 条的规定而排除本条之适用的情形；

（d）这项动议不属于轻微变更。

（2）属于下列情形的，或者与下列情形有关的服务，不属于第（1）款（b）项所规定的服务：

（a）试验性客运服务；

（b）往返英吉利海峡海底隧道的客运服务；

（c）该条线路或车站的日常运行计划之外的客运服务。

（3）资金监管机构作出的动议必须满足以下条件：

（a）向有关管理部门就该动议作出报告，但有关管理部门作出动议的除外；

（b）依据附录7之规定，召开一个关于该动议的讨论会；

（c）经讨论会研究后，驳回该动议或者将该动议（未经修改的或经过修改的）提交铁路监管办公室。

（4）依据第（3）款（a）项之规定，向有关管理部门作出的报告必须包括以下内容：

（a）中止车站服务之动议的详情描述，具体而言，包括：

（i）动议所涉及的车站的范围；

（ii）动议的日期（拟中止的日期）。

（b）依据第（5）款规定所进行的结果评估的摘要。

（5）在实施以下行动之前：

（a）依据第（3）款（a）项之规定向有关管理部门就该动议作出报告，但有关管理部门作出动议的除外；

（b）在任何其他情况之下，在依据第（3）款（b）项之规定召开讨论会之前，作出动议的铁路资金监管机构必须就该动议是否符合关闭指引中相关部分所规定的情形进行评估；评估工作必须依照关闭指引的要求来执行。

（6）如果相关车站项下的协议约定在过渡期内，这些车站的服务可以停止提供的，有关管理部门必须确保这些服务在过渡期内继续维持。

（7）如果依据前述第（3）款（c）项之规定，铁路监管办公室签发了不批准关闭的通知，则有关管理部门必须在过渡期间结束后，保障动议所涉及的车站服务得以继续维持。

（8）在特许经营协议或者其他协议有明确规定，而有关管理部门未采取进一步措施之前，它的职责被免除；只要相关协议约定应当继续提供车站服务，它的职责在动议发出之时就生效，并且在动议未被修改之前继续有效。

（9）本条所称的"有关管理部门"是指：

（a）如果动议仅仅涉及苏格兰范围内的车站，则该部门是指苏格兰部长；

（b）该车站的部分或全部位于英格兰和威尔士，指的是国务大臣。

当动议涉及车站的部分或全部跨越了英格兰和威尔士、苏格兰时，该动议被视为两个独立的动议，此时的"有关管理部门"分别指苏格兰部长和国务大臣。

向铁路监管办公室提交的审查

32. 向铁路监管办公室提交的审查

（1）本条的内容适用于任何依据本章内容之规定向铁路监管办公室提交的动议的审查。

（2）只有在当事人认为该动议，或（在特定情形下）经修改后的动议，符合关闭指引中的有关部分所载的准则时，才可以提交铁路监管办公室审查。

（3）对动议的审查，必须涵盖以下详情：

（a）该动议所涉及的服务或网络或车站，或者相应的特定部分；

（b）动议的日期。

（4）对动议的审查，应当针对以下文件：

（a）提交动议者所召开的研讨会的研讨结果的报告；

（b）提交动议者就动议是否经过修改的陈述；

（c）如果一份陈述是经过修改的动议，则要列出修改的内容；及

（d）该动议是否符合关闭指引中相关部分所规定的情形进行评估的评估意见。

（5）铁路监管办公室在动议审查中的职责是：

（a）判断提交审查动议者是否正确合理地召开了依据本章规定其应当召开的研讨会。

（b）在以下情形时除外：

（i）未能召开研讨会或者存在其他瑕疵；

（ii）这些瑕疵导致铁路监管办公室无法依据本章之规定作出妥当的决定。

铁路监管办公室必须判断该动议（在特定情形下经过修改的动议）是否满足关闭指引中相关部分所规定的情形。

（6）提交动议进行审查者，必须向铁路监管办公室提交一切关涉到铁路监管办公室能否正确履行本条所规定的职责的一

切信息。

(7) 若铁路监管办公室认为:

(a) 该动议(在特定情形下经过修改的动议)不能满足关闭指引中相关部分所规定的情形,或者

(b) 由于研讨会召开方面的瑕疵,导致铁路监管办公室无法据此判断该动议(在特定情形下经过修改的动议)是否满足关闭指引中相关部分所规定的情形,

必须签发一项立即生效的通知(一份"不批准通知书")。

(8) 当铁路监管办公室在履行第(5)款所规定的职责时,若发现动议的审查不符合该款规定,必须签发一项立即生效的通知(一份"不批准通知书")。

(9) 如果铁路监管办公室签发了不批准通知书:

(a) 须将该通知书的副本送达第(10)款中所规定的所有主体;

(b) 该动议(在特定情形下经过修改的动议)所涉及的受影响区域的一切车站的运营商,应确保该通知书的副本在车站内展示,直至过渡期间结束为止。

(10) 批准通知书或者不批准通知书的副本应当送达以下主体:

(a) 提交动议者;

(b) 依据附录 7 第 3 条之规定,在研讨会中与动议有关的应当被送达通知书者;

(c) 参加研讨会的所有人;

(d) 铁路监管办公室认为应当送达的其他主体。

(11) 第 (9) 款所称的"受影响区域"是指:

(a) 当动议是中止特定线路或者特定车站出发的客运服务时,指的是该线路或者车站所在的区域;

(b) 当动议是中止特定网络或者部分网络时,指的是这些网络所在的区域;

(c) 当动议是关闭车站或者车站的一部分时,指的是该车站或者该车站的一部分。

(12) 签署批准通知书并非允许(但通知书本身除外)违反特许经营协议或其他涉及下列内容的协议的行为:

(a) 任何特许经营的服务、安保服务、其他正在运营的或正在被资助的铁路客运服务(不论全部或部分);或

(b) 正在运营的或正在被资助的任何网络、车站,或者网络、车站的一部分(不论全部或部分);

在执行铁路监管办公室或有关协议、安排所赋予的任何职能时,铁路监管办公室只负责签发批准通知书,但不需要确保关闭行为已经进行。

33. 关闭的要求

(1) 本条适用于铁路监管办公室签发批准(关闭)通知书的审查程序。

(2) 铁路监管办公室可以在认为合适并且征求以下一个或几个主体的同意后,制定相关要求:

(a) 国务大臣;

（b）苏格兰部长；

（c）威尔士国民议会；

（d）客运管理局；

（e）客运管理专员；

（f）伦敦市市长；

（g）伦敦交通局；

（h）根据第45条第（4）款的规定所指定的铁路资金监管机构；

（i）相关运营商。

（3）当一项动议（在特定情形下经过修改的动议）符合关闭指引中相关部分所规定的情形进行评估的评估意见忽略了该动议所涉及的一些事项时，就需要向第（2）款所规定的主体征求意见。

（4）第（2）款（i）项所称的"相关运营商"是指：

（a）当动议适用第22条或第25条之规定时，指的是相关条文所规定的服务运营商；

（b）当动议适用第26条或第29条之规定时，指的是相关条文所规定的网络（部分网络）或车站（部分车站）的运营商；

（c）当动议适用第37条第（2）款之规定时，指的是相关条文所规定的提供试验性客运服务的运营商。

（5）上述被征求意见的主体应当进行配合。

（6）铁路监管办公室可以随时更改或撤销本条规定的要求。

（7）在更改或撤销本条规定的要求前，铁路局监管办公室必须向合适的人进行咨询。

（8）铁路监管办公室在制定、更改或撤销本条规定的要求时，必须：

（a）就制定、更改、撤销要求的内容，通知第 32 条第（9）款规定的应当被送达批准通知书的所有主体。

（b）该制定、更改、撤销要求的内容所涉及的受影响区域的一切车站的运营商，应确保该通知的副本在车站内展示，展示期限为：

（i）当属于制定要求时，直到过渡期结束。

（ii）当属于更改、撤销要求时，为铁路监管办公室在依据（a）项的规定所发出的通知中指定的期间。

（9）第（8）款所称的"受影响区域"是指：

（a）当动议是中止特定线路或者特定车站出发的客运服务时，指的是该线路或者车站所在的区域；

（b）当动议是中止特定网络或者部分网络时，指的是这些网络所在的区域；

（c）当动议是关闭车站或者车站的一部分时，指的是该车站或者该车站的一部分。在更改和撤销要求时，"受影响区域"的含义亦然。

排除方案

34. 轻微变更

（1）轻微变更的动议，指的是以下情形下的动议：

（a）依据本条之规定，被认定为属于轻微变更的关闭动议；或者

（b）关闭说明中的关闭动议，与已经被认定为轻微变更的动议具有关联性。

（2）在下列情形之下，苏格兰部长有权认定某项动议属于轻微变更的动议，或者认定关闭说明中与已经被认定为轻微变更的动议具有关联性的关闭动议：

（a）中止一项或者数项苏格兰地区的服务；

（b）中止一项或者数项跨境服务，且这些服务并未由苏格兰部长之外的铁路资金监管机构负责提供；

（c）中止两项以上（包括两项），不属于（a）（b）项规定之外的服务；

（d）中止某个网络或者某个网络的一部分，并且被中止的网络或者该网络的该部分位于苏格兰境内；或者

（e）中止某个车站或者某个车站的一部分的服务，并且该车站或者该车站的该部分位于苏格兰境内。

（3）苏格兰部长在其他情况下有权认定某项动议或关闭说明中的关闭动议属于轻微变更的动议。

（4）依据本条规定所作的认定，必须符合以下情形：

（a）在对于认定某项关闭动议时，该关闭应当符合第53条之规定，则可以被认为是轻微变更；或

（b）在认定关闭说明中，与已经被认定为轻微变更的动议具有关联性的关闭动议时，说明中所包括的关闭是符合的，或者

即将符合的;

（5）根据本条之规定而作出认定的人，在审查第 22 条、第 26 条或第 29 条所规定的关闭动议时，可使其符合条件。 并且，在特定情形下，该关闭不再被视为是轻微变更，除非:

（a）提供服务的主体本身被关闭;

（b）运营或者使用该网络（全部或者部分）或车站（全部或者部分）的主体同意遵守这些条件。

（6）依本条之规定作出认定的人，必须向铁路监管办公室通知认定的内容。

（7）对关闭说明中与已经被认定为轻微变更的动议具有关联性的关闭动议的认定，认定人可以随时撤销。

（8）依据本条之规定，作出认定或者撤销认定的人，必须:

（a）将认定书或者撤销认定书的副本送达铁路监管办公室;

（b）以其认为合适的方式向公众公开。

（9）由于以下原因而撤销认定的，并不影响在撤销作出前已经实施的关闭行为，除非:

（a）未能依照本章之规定履行通知义务; 或者

（b）执行关闭的措施。

（10）在下列情形下，任何总体的认定:

（a）已经依据 1993 年法案第 46A 条之规定而作出，

（b）将关闭的特定层级或说明认定为轻微变更的认定，

（c）在本条生效之前已经发生效力。

在依据本条之规定将关闭的特定层级或说明认定为轻微变更之后，依然有效。

（11）符合 1993 年法案第 37 条第（1）款、第 39 条第（1）款或第 41 条第（1）款之规定的，与依据本条规定所作出的属于轻微变更的认定相关的一切条件，如果符合第（5）款规定之目的，在本条生效后，继续有效。

35. 可以被视为轻微变更的关闭

（1）可以被认定为轻微变更的铁路客运服务的中止，是指该服务的线路上没有任何车站（或者是没有任何正在运营的车站），同时还要满足以下条件：

（a）通过该线路往返于两个车站之间的火车，可以使用替代的线路；

（b）这些火车上的乘客不会因此而增加换乘，并且旅途的时间不会有显著的增加。

（2）可以被视为轻微变更的网络的一部分运营的中止，是指该部分轨道沿线上没有任何车站（或者是没有任何正在运营的车站），同时还要满足以下条件：

（a）通过该线路往返于两个车站之间的火车，可以使用替代的线路；

（b）这些火车上的乘客不会因此而增加换乘，并且旅途的时间不会有显著的增加。

（3）可以被视为轻微变更的网络的一部分运营的中止，是指该部分轨道沿线上仅有一个车站、一个轻型维修厂，或者其中的一部分同时还要满足以下条件：

（a）该部分的网络不影响车站或者车站一部分的铁路客运服务或者与铁路客运服务相关的一切运营活动，或者

（b）受到该网络影响的车站或者车站之一部分已经被一项轻微变更的动议所涵盖。

（4）符合下列条件的对网络的一部分的运营的中止，可以被视为轻微变更：

（a）该部分的网络由第（2）款或者第（3）款所述的轨道沿线的设施所构成；

（b）符合上述几款中所提及的情形。

（5）中止下列设施的运营：

（a）网络（而非轨道）的一部分，或者

（b）车站的一部分。

如果该部分网络或者车站运营的中止并不影响该网络或者车站与铁路客运服务有关的一切服务的运行，则可以被视为轻微变更。

（6）如果国务大臣或者苏格兰部长认为，因为该条所规定的，关闭说明对铁路客运服务只有暂时或有限的影响，被视为轻微变更，国务大臣以及在特定情形下的苏格兰部长可以以指令的方式，规定依据第 34 条之规定该关闭说明可以被视为符合本条规定的要求。

（7）在下列情形中，苏格兰部长可以作出第（6）款规定的

命令:

(a) 中止一项或者数项苏格兰境内的服务;

(b) 中止一项或者数项由苏格兰部长所资助的跨境服务;

(c) 中止两项以上不超出 (a)、(b) 项规定情形之外的服务;

(d) 中止某个网络或者某个网络的一部分,并且被中止的网络或者该网络的该部分位于苏格兰境内;或者

(e) 中止某个车站或者某个车站的一部分的服务,并且该车站或者该车站的该部分位于苏格兰境内。

在上述情形之外,由国务大臣作出命令。

(8) 依据第 (6) 款之规定而作出的命令,应当遵守消极解决程序之规定。

36. 指定试验性客运服务

(1) 就本章之规定而言,指定一项试验性铁路客运服务的权力,在下列不同的情形中,由不同的主体行使:

(a) 如果该服务仅限于苏格兰范围内,为苏格兰部长;

(b) 对于一项跨境服务,如果由苏格兰部长进行更多的资助而不是国务大臣,则为苏格兰部长;

(c) 对于一项威尔士境内的服务,如果威尔士国民议会的资助比国务大臣的资助更多,则为威尔士国民议会;

(d) 其他类型的服务,为国务大臣。

(2) 该指定必须与所提供服务的线路或者车站有关。

(3) 任何一项被指定为试验性服务的服务期限必须在 5 年

以下。

(4) 当一项服务被指定为试验性服务的期限不满 5 年时：

(a) 该指定的期限可以由指定人延长（基于一个或者数个理由）；但是

(b) 无论如何延长，指定的总时限依然不得超过 5 年。

(5) 就本条而言，在认定指定的期限或者总期限是否超过 5 年时，试验性服务开始前的期限均不计入。

(6) 指定人指定了期限或者延长了期限的，必须：

(a) 将指定或者延长指定期限的决定的副本送达铁路监管办公室。

(b) 将指定或者延长指定期限的决定的通知，在连续 2 周的期间内向公众公开，公开的方式包括：

(i) 在受到影响的区域内当地的报纸上公开；

(ii) 在 2 份全国性的报纸上公开。

(7) 如果：

(a) 一项服务被指定为试验性服务，或者该指定的期限被延长；

(b) 该服务并非基于特许经营协议之约定而提供；

指定人必须将指定或者延长指定期限的决定通知服务的提供者。

(8) 就第（6）款（b）项（i）之规定而言，"受到影响的区域"包括该指定决定所涉及的铁路线路或者车站所在的区域。

(9) 就第（6）款（b）项（ii）之规定而言，当服务包括以下情形时：

（a）该服务仅限于苏格兰范围内，或者

（b）该服务仅限于威尔士范围内，

所谓的"全国性的报纸"，指的是在苏格兰或者威尔士全境具有影响力的报纸。

（10）在本条生效之前，任何依据 1993 年法案第一章之规定所指定的已经立即生效的铁路客运服务：

（a）可以视为符合本章规定的试验性服务；

（b）在此之前已经生效的指定期限，应当计入本条所规定的指定期限或者总期限。

37. 中止试验性客运服务

（1）如果：

（a）铁路资金监管机构是特许经营协议的当事人，而该协议项下的服务属于试验性客运服务，

（b）提供服务者提出在需求结束后中止服务，

（c）监管部门并未提出确保继续提供该服务，

监管部门必须就该中止事宜作出通知。

（2）如果：

（a）一项试验性客运服务并非基于特许经营协议的约定而提供，

（b）提供服务者提出中止服务，

提供服务者必须将这个建议进行通知，在通知期内不得中止服务。

（3）本条所规定的通知，应当满足以下要求：

（a）载明中止建议的细节；

（b）按照要求进行公示。

（4）按照要求进行公示的通知，在持续2周的期限内，必须：

（a）在受到影响的区域内当地的报纸上公开；

（b）在2份全国性的报纸上公开；

（c）采取其他提供服务者认为必要的方式进行公示。

（5）根据第（2）款之规定，提出中止服务者必须将依据第3款（b）项之规定经过公示的通知书的副本送达铁路监管办公室。

（6）本条中所称的为了中止服务的动议而设置的"公示期"，是指自通知按照规定要求进行公示之日起的6周。

（7）就第（4）款（a）项之规定而言，"受到影响的区域"包括该指定决定所涉及的铁路线路或者车站所在的区域。

（8）就第（4）款（b）项之规定而言，当服务包括以下情形时：

（a）该服务仅限于苏格兰范围内，或者

（b）该服务仅限于威尔士范围内，

所谓的"全国性的报纸"，指的是在苏格兰或者威尔士全境具有影响力的报纸。

38. 排除的服务、网络和车站的命令

（1）有关管理部门可以作出以下命令：

（a）将其指定的某个或者全部的铁路客运服务排除在依据第 22 条至 24 条之规定而提出的申请之外；

（b）将其指定的某个网络、该网络的某个部分或者全部的网络排除在依据第 26 条至 28 条之规定而提出的申请之外；

（c）将其指定的某个车站、该车站的某个部分或者全部的车站排除在依据第 29 条至 31 条之规定而提出的申请之外。

（2）第(1)款中规定的"有关管理部门"是指：

（a）当涉及铁路客运服务时：

（i）对于苏格兰境内的服务，或者

（ii）对于一项跨境服务，如果由苏格兰部长进行更多的资助而不是国务大臣，

是指苏格兰部长；

（b）当涉及网络（或其一部分）、车站（或其一部分）时，如果仅限于苏格兰范围之内，指的是苏格兰部长；

（c）对于其他铁路客运服务、网络（部分网络）或者车站（车站的一部分），指的是国务大臣。

（3）本条规定的命令，必须遵守消极解决程序之规定。

（4）在本条生效之前，任何依据 1993 年法案第 49 条第（2）、第（4）或者第（5）款之规定（除该法案规定的关闭程序之外）已经立即生效的命令，在本条生效后继续有效，其中：

（a）基于第 49 条第（2）款之规定而生效的命令，视为依据本条规定排除了本法案第 22 至第 24 条之规定的服务；

（b）基于第 49 条第（4）款之规定而生效的命令，视为依

据本条规定排除了本法案第 26 至第 28 条之规定的网络或者网络的一部分;

(c) 基于第 49 条第 (5) 款之规定而生效的命令,视为依据本条规定排除了本法案第 29 至第 31 条之规定的车站或者车站的一部分。

替代性服务

39. 涉及服务变更的质量合同计划

(1) 在 2000 年法案的第 124 条第 (1) 款之后加入以下内容:

"(1A) 客运管理机构可以单独或者联合其他当地运输管理机构制订其全部或者部分职权范围之内的质量合同计划,但是应当符合以下条件:

(a) 制订该计划,可以有效地保障已经或者即将减少、中止的铁路服务所影响的潜在客户的运输需求;

(b) 制订该计划,可以有效地保障其他在服务所在地居住、工作或者求学的人们的运输需求;

(c) 该计划应当和客运管理机构或者与其联合的当地运输管理机构所制订的当地的运输计划相一致;

(d) 该计划可以经济地、高效地、切实地满足 (a)、(b) 项所规定的人们的需求。

(1B) 当地的运输管理机构可以加入第 (1A) 款所规定的减少或者终止铁路客运服务计划的制订,除非:

(a) 这些机构本身就是负责管理该计划所涉及的铁路客运

服务的客运管理机构，或者是客运管理机构之一；

（b）该计划所涉及的铁路客运服务本身属于该机构的运营范围；或者

（c）生活、工作或求学于服务所覆盖地区的人们，包括生活、工作或求学于该地区的人们。"

（2）第（9）款之后，加入以下内容：

"（10）第（1A）款所称的当地的运输计划，如果还没有被当地的运输管理机构制订出来，指的是该机构依据第 108 条第（1）款（a）项所发布的政策。

（11）在本条中，'相关铁路服务'是指：

（a）如果是客运管理机构单独制订的计划，指的是：

（i）铁路客运服务所覆盖的该机构全部的运营区域；或者

（ii）铁路客运服务所覆盖的该机构部分的运营区域。

（b）如果是客运管理机构之下几家当地的运输管理机构所指定的计划，指的是：

（i）全部或者主要由客运管理机构运营的铁路客运服务；

（ii）全部或者主要由当地的运输管理机构运营的铁路客运服务；

（iii）（i）与（ii）中所提到的那部分铁路客运服务。

（12）在本条中：

受到相关的铁路服务影响的'潜在的客户'，指的是有可能利用这些被减少或被中止的服务的人们；

'铁路客运服务'的含义与《1993 年铁路法》（c.43）中的

含义相同[（参见该法案第83条第（1）款）]。

（13）就本条前文所规定的，铁路客运服务或者该服务的一部分包括：

（a）在车站停车，以便旅客们接受或者终止客运服务的服务；

（b）在这些地方运行的一切服务中的部分服务。"

（3）在该法案第126条第（4）款（计划的批准）中"第124条第（1）款"之后，加入："或者（在特定情形下）第124（1A）款的（a）至（d）项。"

（4）在该法案的第132条（计划的变动）中：

（a）在第（2）款，用"第124条第（1）款（a）、（b）项"代替"第124条第（1）款（a）项、第（1）款（b）项或者该条第（1A）款（a）项至（d）项所阐述的内容"；

（b）在第（3）、第（4）款，用"这些条件"代替每一处的"相关条件"；并且

（c）在本条第（4）款之后，增加第（5）款所规定的内容。

（5）增加在该法案第132条第（4）款之后的第（5）款的内容如下：

"（4A）在第（3）、第（4）款中，'相关条件'是指：

（a）如果是依据第124条第（1）款之规定所制订的计划，并且没有依据第（1）款（a）项的规定而变动的，这些条件指的是第124条第（1）款（a）项及第124条第（1）款（b）项所规定的内容；

（b）如果是依据第 124 条第（1A）款之规定所制订的计划，并且没有依据第（1）款（a）项的规定而变动的，这些条件指的是第 124 条第（1）款（a）项至第 124 条第（1）款（d）项所规定的内容；

（c）如果计划依据第（1）款（a）项的规定而发生了变动，前述的最后一项条件也随之变动。"

40. 替代性的公路服务

（1）若一项铁路客运服务：

（a）暂时中断，或者

（b）被中止，

相应的有关管理部门可以通过替代性的措施来维持客运服务，这些措施包括使用公共服务车辆和租赁私车。

（2）当一项铁路客运服务临时被中断，线路或者服务中断地的替代性又服务不具备必要条件时，并不需要非常精确地及时应对此次中断事故。

（3）当一项铁路客运服务被中止时，在下列情形下，线路或者服务中断地的替代性服务不需要非常精确且及时地应对此次中断事故：

（a）不具备必要的条件；或者

（b）根据当地服务的标准，替代性服务大致上实现了及时应对。

（4）就本条而言，"相应的有关管理部门"是指：

（a）如果被中断或者被中止的铁路客运服务开始或者结束

于英格兰，或者是在英格兰地区通过至少一次电话来预订的，指的是国务大臣；

（b）如果该铁路客运服务是苏格兰的客运服务，指的是苏格兰部长；

（c）如果该铁路客运服务是威尔士地区的服务，或者是由威尔士国民议会所保障的，指的是该议会；

如果上述多个机构都是"相应的有关管理部门"，则它们分别在各自的辖区内履行职责。

（5）本条中的"苏格兰的客运服务"是指：

（a）依据苏格兰特许经营协议所提供的铁路客运服务；或者

（b）不属于（a）项所规定的铁路客运服务，但是属于苏格兰地区的客运服务或者（不是苏格兰地区的）由苏格兰部长所保障的客运服务。

（6）本条中的"租赁私车"，指的是：

（a）依据《1847年城镇警察条款法》（c.89）第37条，《1869年都市公共运输法》（c.115）第6条，《1976年地方政府（杂项条款）法》（c.57）第48条，或者《1998年私车租赁（伦敦）法》（c.34），或者其他类似的制定法来颁发行车证的汽车，或者是

（b）依据《1982年公民政府（苏格兰）法》（c.45）第10条来颁发出租车或者私车租赁许可证的车辆。

（7）在本条中：

"公共服务车辆"的含义，依据《1981 年公共旅客车辆法案》(c.14) 第 1 条的规定执行；

与服务相关的"中断地"，是指火车停车以便旅客上下车的地点。

该部分的追加条款

41. 资金监管机构所提出的动议

(1) 铁路资金监管机构可以提出关于下列内容的动议:

(a) 中止铁路客运服务，

(b) 中止网络或者网络的一部分的运作，或者

(c) 中止车站或者车站的一部分的运作，

上述动议必须满足第（3）（4）（5）款的要求。

(2) 第（3）款的要求，适用于旅客运输执行委员会、伦敦市市长或伦敦交通局以外的资金监管机构所提出的动议。

(3) 本款所规定的要求包括以下内容:

(a) 该动议与该机构所提出的另一项动议相关；

(b) 与该机构作为当事人的，且事关客运服务、网络或者车站的运营资金援助的协议相关的其他动议；

(c) 该机构有合理的理由认为应当中止客运服务、中止网络或者车站运营的其他动议。

(4) 本款所规定的要求，适用于旅客运输执行委员会所提出的涉及以下内容的动议:

(a) 除了旅客运输执行委员会外，没有其他铁路资金监管机构对该客运服务、网络或者车站提供资金支持；或者

75

（b）这些：

（i）动议所涉及的所有服务均位于其辖区之内；

（ii）动议所涉及的所有网络（或部分网络）、车站（或车站的一部分）均位于其辖区之内。

（5）本款所规定的要求，适用于伦敦市市长或伦敦交通局所提出的涉及以下内容的动议：

（a）除了伦敦市市长或伦敦交通局外，没有其他铁路资金监管机构对该客运服务、网络或者车站提供资金支持；或者

（b）这些：

（i）动议所涉及的所有服务均位于大伦敦辖区之内；

（ii）动议所涉及的所有网络（或部分网络）、车站（或车站的一部分）均位于大伦敦辖区之内。

（6）第（3）款（b）项所规定的安排，包括这里所说的铁路资金监管机构和其他这类机构之间的安排。

（7）就第（4）、第（5）款之规定而言，服务的范围在某个地域范围内，指的是服务的起始地和终止地位于该区域之内，并且没有从该区域之外进行电话预订。

42. 关闭指引

（1）对于本章所规定的下列类型的动议，应当由苏格兰部长负责发布关闭指引：

（a）请求中止苏格兰范围内的客运服务的动议；

（b）中止一项跨境服务的动议，并且该跨境服务除了苏格兰部长之外，没有其他铁路资金监管机构进行资助；

(c) 中止某个网络或者某个网络的一部分的动议，并且被中止的网络或者该网络的该部分位于苏格兰境内；或者

(d) 中止某个车站或者某个车站的一部分的服务的动议，并且该车站或者该车站的该部分位于苏格兰境内。

(2) 当某项中止动议所涉及的跨境服务是由下列机构资助时，苏格兰部长应会同国务大臣或威尔士国民议会（或三者一起）发布关闭指引：

(a) 由国务大臣资助；

(b) 由威尔士国民议会资助；

(c) 国务大臣与威尔士国民议会共同资助。

(3) 当某项中止动议涉及以下内容时，国务大臣应当会同苏格兰部长或威尔士国民议会（或三者一起）发布关闭指引

(a) 要求中止任何威尔士境内的服务；

(b) 要求中止位于威尔士境内的某个网络或该网络的一部分的运营；或者

(c) 要求中止位于威尔士境内的某个车站或该车站的一部分的运营。

(4) 对于前款规定未涉及责任的，由国务大臣负责发布关闭指引。

(5) 本条所规定的关闭指引，内容可以包括动议说明书的规则以及动议的目的等各方面。

(6) 负责发布关闭指引者，可以随时：

(a) 修订指引；

（b）发布修订后的指引。

（7）在依据本条之规定发布或修订指引之前，发布者必须咨询下列这些人：

（a）受指引影响的，发布者认为合适的铁路客运服务、网络、车站的运营商；

（b）发布者认为其他需要咨询的人。

（8）就第（7）款之规定而言，铁路客运服务、网络或火车站如果与关闭指引所规定的动议有关，就属于受指引影响的，发布者认为合适的铁路客运服务、网络、车站。

43. 发布及修订关闭指引的程序

（1）国务大臣必须将其负责发布或者修订的（无论是单独还是联合）关闭指引、修订后的关闭指引或者指引的修订意见的副本提交英国议会审议。

（2）苏格兰部长必须将其负责发布或者修订的（无论是单独还是联合）关闭指引、修订后的关闭指引或者指引的修订意见的副本提交苏格兰议会审议。

（3）任何依据第42条之规定而发布的指引或者经修订的指引，在满足下列条件后生效：

（a）如果是第（1）款规定的情形，由国务大臣发布命令后生效；

（b）如果是第（2）款规定的情形，由苏格兰部长发布命令后生效；

（c）如果同时涉及第（1）、第（2）款规定的情形，由国务大臣与苏格兰部长共同发布命令后生效。

(4) 依据第 (3) 款之规定,由威尔士国民议会会同国务大臣或苏格兰部长 (或同时与后两者一起) 共同发布的命令,可以仅仅经过威尔士国民议会同意后就发布。

(5) 依据第 (3) 款规定发布的命令,必须遵守消极解决程序之规定。

(6) 如果包含了第 (3) 款规定的命令的法规被宣告无效的:

(a) 关闭指引、经修订的关闭指引或者指引的修订意见,视为被撤回;

(b) 经修订的关闭指引或者指引的修订意见被撤回后,一切依据第 42 条之规定所发布的经修订的关闭指引或者指引的修订意见依然有效。

(7) 关闭指引、经修订的关闭指引或者指引的修订意见依据第 (6) 款之规定被撤回的:

(a) 不影响任何已经依据该指引所作出的行为;

(b) 并不影响进一步发布新的关闭指引、经修订的关闭指引或者指引的进一步的修订意见。

44. 违反法定职责的责任的豁免

(1) 针对 1993 年法案 (该法案第 55 条规定的最终及临时命令的正当性及有效性) 的第 57 条第 (2) 款规定的责任,不会引发任何形式的因违反法定职责而产生的民事诉讼上的法律责任。

（2）这些责任包括：

（a）当事人未依据第 22 条第（8）款之规定中止铁路客运服务的责任；

（b）当事人未依据第 26 条第（8）款之规定中止网络或部分网络的责任；

（c）当事人未依据第 29 条第（8）款之规定中止车站或车站的一部分的责任；

（d）当事人未遵守第 33 条第（2）款规定的要求的责任；

（e）当事人未遵守第 34 条第（5）款规定的经过其认可的条件的责任；

（f）当事人未遵守第 37 条第（2）款规定的中止试验性客运服务的责任；

（g）国务大臣或苏格兰部长未依据本章规定，确保铁路客运服务、网络（部分网络）或车站（车站的一部分）运行的责任。

45. 对第四章的说明

（1）在本章中：

"关闭"是指：

（a）中止一项或者数项铁路客运服务；

（b）中止整个网络或者部分网络的运行；

（c）中止某个车站或者某个车站的部分的运营或使用；

"不批准通知书"的含义与第 32 条第（7）款规定的内容相同。

"批准通知书"的含义与第 32 条第（8）款规定的内容相同。

"关闭指引"，是指依据第 42 条之规定而发布的指引，关闭指引的相关部分的含义，在第（2）款中有所解释。

"过渡期的结束"，在第（3）款中有所解释。

"排除动议"，在第 38 条中有所解释。

"试验性客运服务"，是指依据第 36 条之规定而被指定具有试验性质的铁路客运服务。

"动议日期"，是指客运服务、网络（部分网络）或车站（部分车站）停止运行的日期。

"铁路资金监管机构"是指：

（a）国务大臣；

（b）苏格兰部长；

（c）威尔士国民议会

（d）旅客运输执行委员会；

（e）伦敦市市长；

（f）伦敦交通局；

（g）依据第（4）款规定的命令，被指定为监管机构的人。

"被保障的服务"，是指由国务大臣或苏格兰部长依据以下规定而提供或代表的服务：

（a）1993 年法案第 30 条；

（b）本法案第 22 条第（9）款、第 23 条第（7）款、第 24 条第（7）款或第 27 条第（8）款；或者

(c) 本法案第 33 条第（2）款所规定的要求。

"被保障"，在涉及网络或车站时，是指由国务大臣或苏格兰部长依据以下规定而提供或代表的网络或车站：

（a）本法案（网络）第 26 条第（9）款、第 27 条第（7）款、第 28 条第（6）款、第 28 条第（7）款；

（b）本法案（车站）第 29 条第（9）款、第 30 条第（7）款、第 31 条第（6）款、第 28 条第（7）款；或

（c）本法案第 33 条第（2）款所规定的要求。

(2) 在本章中，"关闭指引里相关部分"，是指：

（a）针对中止一项或数项铁路客运服务的动议时，是指关闭指引中与所中止的服务相关的部分；

（b）针对中止某个网络或该网络的一部分的动议时，是指关闭指引中与所中止的某个网络或该网络的一部分相关的部分；

（c）针对中止某个车站或该车站的一部分的动议时，是指关闭指引中与所中止的某个车站或该车站的一部分相关的部分。

(3) 就本章规定而言，在以下几种情形下，过渡期应当结束：

（a）有关管理部门认为依据关闭指引相关部分规定的情形，该动议不能被支持时，在动议日期结束；

（b）此外，

（i）提交动议者接到了有关管理部门改变针对动议的意见

的通知时，过渡期在接到通知之日结束；

（ii）撤回动议；或者

（iii）铁路监管办公室签发批准或不批准通知书之日起 4 周，过渡期结束。

（4）在下列情形下，适当的监管机构可以以命令的方式指定某人成为铁路资金监管机构：

（a）经过制定法确认，此人具有相应的职能；

（b）该适当的监管机构认为此人可以正确履行职责，为铁路或铁路服务提供资金支持。

（5）在第（4）款中，"适当的监管机构"是指：

（a）针对没有依据第（4）款（b）项之规定提供资金支持之外的人而言，在下列情形下：

（i）苏格兰地区内的受资助服务，

（ii）主要资助来自苏格兰的跨境服务，或者

（iii）位于苏格兰境内的受资助的网络（部分网络）、车站（车站的一部分），

指的是苏格兰部长；

（b）在其他情形下，指的是国务大臣。

（6）就第（5）款（a）项（ii）的规定而言，某人为某项服务提供了来自苏格兰的资助，是指满足以下条件的情况：

（a）此人是：

（i）依据苏格兰议会立法而设立的实体；

（ii）主要办公场所位于苏格兰。

(b) 在这些服务中，它提供了比其他铁路资金监管机构的合计金额更多的资助。

（7）依据第（4）款所作出的命令，必须遵守消极解决程序之规定。

（8）在第（4）款（a）项中，"制定法"包括苏格兰议会所通过的法案。

（9）本章中所谓的"资金支持"，包括以下几种形式：

（a）拨款与贷款；

（b）提供保证；

（c）机构投资。

第五章 进一步的杂项规定

铁路系统的行为指导规范

46. 细则

(1) 铁路运营商可制定规范以下一个或多个行为的细则:

(a) 相关资产的使用和运转;

(b) 旅行或依靠相关资产;

(c) 有关资产的维修;

(d) 使用有关资产的人的行为。

(2) 这些细则尤其可能包括:

(a) 接触相关资产的凭证,或者乘铁路旅行,或者有关逃避缴付车费或其他费用的细则;

(b) 关于铁路障碍的细则;

（c）其他有关妨碍铁路运行、有关财产或铁路服务的细则；

（d）禁止或限制在铁路车厢内或别处吸烟的细则；

（e）防止非法妨碍的细则；

（f）有关货物接受与运输的细则；

（g）规范自行车和其他车辆通行于由铁路运营商或者意向使用人掌控的人行道和其他处所的细则。

（3）附录9（根据本条作出有关细则的规定）已生效。

（4）下列细则：

（a）铁路战略管理局根据2000年法案第219条制定的细则，

（b）在被该法案废除前即刻生效，

在废除生效后也将持续有效，铁路战略管理局制定的细则内涵的参照对于国务大臣同样是参照。

（5）国务大臣可以通过命令撤销或修改：

（a）根据第（4）款而产生效力的细则；或者

（b）2000年法案所保留的细则。

（6）在第（5）款中，"2000年法案所保留的细则"是指：

（a）根据《1962年运输法》第67条（c.46）或1993年法案第129条制定（或据此产生效力）的细则；

（b）在2000年法案附录28第5条第（2）款出台后继续有效的细则；

（c）在本条施行后立即生效的细则。

（7）在本条中，"铁路运营商"指的是下列铁路资产的运营者：

（a）根据1993年法案第8条被授权成为该资产的运营商；

（b）根据该法案的第7条或任何其他规定得以授权的豁免。

（8）在本条中，与铁路运营商相关的"有关资产"是指：

（a）运营商的铁路资产；或者

（b）属于当下负责运营者的、（a）项之外的铁路车辆。

47. 苏格兰部长制定罚款规定的权力

（1）在1993年法案（罚款规定）第130条第（1）款中，将"国务大臣根据规定可以"替换为"国务大臣和苏格兰部长有权根据规定"。

（2）在第（1）款后插入：

"（1A）苏格兰部长根据本条规定行使的权力仅限于基于以下目的使用火车或车站之时：

（a）根据苏格兰特许经营许可协议提供的铁路客运服务；或

（b）不属于（a）项范围内的、专属于苏格兰的（不需要此服务）或由苏格兰部长提供担保的铁路客运服务。"

（3）在第（11）款后插入：

"（11A）依据苏格兰议会的决议，包含了由苏格兰部长依据本条而制定的规定内容的法律文件归于无效。"

48. 苏格兰残疾人铁路用户守则

（1）为了保护残疾人享用苏格兰铁路服务的权益，苏格兰部长应有权准备，并不时修改用户守则。

（2）苏格兰部长应颁布由其根据本条编写的守则，及以其认为合适的方式对守则进行修改。

（3）在根据本条规定编写和修改守则之前，苏格兰部长应咨询根据《1985 年运输法》（c. 67）第 125 条所设立的残疾人交通咨询委员会。

（4）在本条中，"相关的苏格兰服务"是指：

（a）根据苏格兰特许经营许可协议提供的铁路客运服务；

（b）不属于（a）项范围内的、专属于苏格兰的（不需要此服务）或由苏格兰部长提供担保的铁路客运服务；或者

（c）相关的苏格兰境内的车站提供的、属于（a）项或（b）项范围内的、进行预定呼叫的车站服务。

提供相关的苏格兰服务的公司的铁路管理订单

49. 苏格兰部长在铁路管理中的职能

（1）在 1993 年法案第 59 条第（6）款（与铁路管理相关表述的解释）中：

（a）在"章———"后插入：

"（ZA）'适当的国家机构'：

（i）与受保护的苏格兰铁路公司或当铁路管理命令制定之后、受该命令制约的公司有关时，指的是苏格兰部长；

（ii）与其他受保护的铁路公司或受铁路管理命令制约的公司有关时，指的是国务大臣；"

(b) 在 (b) 项后插入:

"(c) '受保护的苏格兰铁路公司'是指,作为与苏格兰特许经营协议有关的特许经营者、只从事相关经营活动、受保护的铁路公司。"

(2) 在第 60 条第 (1) 款 (铁路管理命令的申请书) 中,将从开始到 (b) 项末尾的条款替换为:

"(1) 如果基于与受保护的铁路公司有关的申请。"

(3) 在该款后插入:

"(1A) 根据第 (1) 款的规定,可以提出制定铁路管理命令的申请:

(a) 只能由适当的国家机构当场根据第 (2) 款 (a) 项的规定提出的情况;

(b) 只能由国务大臣当场根据该款 (b) 项的规定提出的情况。"

(4) 在 1993 年法案的以下条款中,无论在何种情况下,均将"国务大臣"替换为"适当的国家机构",也即:

(a) 第 61 条第 (1) 款 (a) 项 (i) 和第 (2) 款 (a) 项 (在申请停业清理的情况下,申请铁路管理命令的通知和权力);

(b) 第 62 条第 (2) 款 (a) 项 (i)、第 (3) 款 (a) 项、第 (5) 款 (a) 项 (i)、第 (6) 款 (a) 项、第 (7) 项 (a) 款 (在自愿停业清理及其他破产程序的情况下,申请铁路管理命令的通知和权力);

(c) 附录 6 第 3、第 7、第 9 及第 10 条[《1986 年破产法》(c.45) 的修改)]。

(5) 在 1993 年法案附录 6 第 1 条 (a) 项结尾部分的"和"之前插入:

"(aa) 这几条提到的适当的国家机构可以依照该法案第 59 条第 (6) 款 (za) 项给予解释。"

(6) 将 1993 年法案附录 6 第 7 条第 (4) 款、第 8 条和第 10 条第 (5) 款中的"铁路战略管理局"替换为"适当的国家机构"。

(7) 在 1993 年法案附录 7 第 2 条 (与铁路管理命令有关传输方案的制定和修改) 中,将下列用语替换为"适当的国家机构",即:

(a) 第 (2) 款中,从"国务大臣"开始的文字;

(b) 第 (4) 和第 (5) 款中的"国务大臣";

(c) 第 (6) 款中,每一处"国务大臣或机构"和"国务大臣或国家机构";

(d) 第 (7) 款中,从"国务大臣或者,在"到"机构"和"国务大臣或机构"之间的部分。

(8) 在该条中:

(a) 将第 (3) 款中从"国务大臣"第一次出现之处到"或者机构"的部分替换为"适当的国家机构,其";

(b) 将第 (6) 款中"他的"替换为"适当国家机构的"。

(9) 在该条第 (8) 款后插入:

"（9）在这一段，苏格兰部长根据本条制定的包含命令的法定文件，依照苏格兰议会的决议废止。"

（10）在本条中与受保护的苏格兰铁路公司有关的内容开始实施之前，铁路管理命令立即生效，国务大臣基于该命令和由于以下条款所做的，或与其有关的事情：

（a）1993 年法案第 59 条至第 62 条的任何条款，或者

（b）1993 年法案附录 6、附录 7，或经 1993 年法案附录 6 对《1986 年破产法》（c.45）相关规定进行修改之后的任何条款，

有效，到目前为止具有持续的有效性和影响，如同苏格兰部长所做的那样。

（11）根据《2002 年企业法》（c40）第 249 条的规定，修改 1993 年法案附录 6 的权力，适用于根据该法案对附录的修改，如同其适用于附录一样。

50. 苏格兰部长在铁路管理中为公司提供的帮助

（1）在 1993 年法案第 63 条（国务大臣作出铁路管理命令提供的财政援助）中：

（a）在第（1）款中，在"一家公司"后插入"受保护的苏格兰铁路公司以外的其他公司"；

（b）在第（2）款中，将从"与……有关"起的内容替换为"该公司：

（a）与提供担保后生效的铁路管理命令有关的公司；

（b）不是受保护的苏格兰铁路公司。"

(2) 在该法案第 64 条后插入:

"64A 苏格兰部长提供的财政援助

(1) 在与受保护的苏格兰铁路公司有关的铁路管理命令暂时生效之时, 苏格兰部长可能:

(a) 向该公司提供一定数额的拨款或贷款, 使其表面上符合有关规定, 以促使该命令的实现; 或者

(b) 同意给相关人员以补偿:

(i) 由该人所招致、与铁路管理者根据该命令履行职能有关的负债,

(ii) 由该人导致的、与此有关的损失或损毁。

(2) 苏格兰部长提供以下担保:

(a) 与提供担保后生效的铁路管理命令有关的、受保护的苏格兰铁路公司所欠的本金数额;

(b) 借贷时产生的利息金额;

(c) 与借贷有关的其他财政债务的免除数额。

(3) 苏格兰部长可以其认为合适的方式、期限、条件来提供本条所规定的拨款、贷款、补偿或担保。

(4) 本条所规定的涉及提供拨款的条款, 包括特别是在违反涉及提供拨款的其他条款的情况下, 要求将全部或部分拨款偿还给苏格兰部长的条款。

(5) 本条所规定的涉及提供贷款的条款特别包括以下条款要求:

(a) 在某些时候以及通过某种方法偿还贷款,

（b）正如苏格兰部长不时指示的那样，在某些时候、以一定的利率支付利息。

（6）本条所规定的、苏格兰部长同意给相关人员以补偿的权力：

（a）该权力仅限于同意补偿其作为一个相关人员而产生或承受的负债、损失和损害；但是

（b）包括同意补偿后成为相关人员的权力（无论相关人员在同意作出时是否被识别或可识别）。

（7）本条规定的相关人员包括：

（a）铁路管理者；

（b）铁路管理者的雇员；

（c）铁路管理者作为成员的公司的成员或雇员；

（d）铁路管理者作为雇员的公司的成员或雇员；

（e）铁路管理者在命令有效之时成为其成员或雇员的公司中的成员；

（f）作为铁路管理者雇主的法人团体；或者

（g）上述法人团体的主管、雇员或成员。

（8）在该条中：

（a）与铁路管理命令相关的铁路管理者，是被委任实现命令目的之人，委任他们中的两个或多个人，是为了其他人都能作为参照；或者

（b）在特定时期作为其成员或雇员的公司，包括其在那段时期是公司的员工或雇员，而后成为继任者的公司。

(9) 如果苏格兰部长根据本条规定支付了补偿或作出了担保，获得补偿或担保的公司须支付给苏格兰部长：

(a) 其可以直接获得的偿还金额；

(b) 根据本款规定，以其可以直接获得的以利率计算的未偿付的利息。

(10) 根据第（9）款之规定、向苏格兰部长支付的款项，须以其决定的时间和方式支付。

(11) 如果债务是因正在制定过程中的铁路管理命令而产生，苏格兰部长支付给担负债务之人以补偿的情形，不适用第（9）款的规定。"

合作职责

51. 铁路监管办公室对国家机关的协助和建议

(1) 遵从国务大臣以下合理的要求是铁路监管办公室的职责：

(a) 向其提供与铁路监管办公室职能相关的事项，或与铁路或铁路服务相关的其他活动有关的意见和建议；

(b) 向其提供有关铁路安全问题的信息或建议；或者

(c) 向其提供与上述目的有关的职能或活动事项的其他方面的协助。

(2) 遵从苏格兰部长以下合理的要求是铁路监管办公室的职责：

(a) 向其提供与铁路监管办公室职能相关的事项，或与铁路或铁路服务相关的其他活动有关的意见和建议；或者

（b）向其提供与上述目的有关的职能或活动事项的其他方面的协助。

（3）铁路监管办公室应遵从威尔士国民议会每个合理的要求，向其提供与其职能相关的、或有关铁路或铁路服务的其他活动的信息或建议。

（4）本条中与铁路或铁路服务相关人员的职能特别包括1993年法案第一章、2000年法案或本法第四章所规定的这类人员的职能。

（5）本条中"铁路安全目的"和附录3中的含义相同。

52. 客运管理人员向国务大臣提出建议的职责

（1）客运管理人员应遵从国务大臣的每个要求，向其提供与铁路或铁路服务有关功能或其他活动有关的问题的建议。

（2）根据本条之规定，客运管理人员不需要从事在一定范围内包含不合理管理义务之事。

（3）确定可能包含的不合理管理义务的范围时，应考虑客运管理人员根据本条规定应承担的其他不含此类义务的事项之范围。

（4）本条中国务大臣有关铁路或铁路服务的职能：

（a）特别包括1993年法案第一章、2000年法案或本法第四章所规定的职能；但是

（b）不包括其实行、履行与铁路安全目的相关的职能（在附录3的规定范围之内）。

第六章　一般及补充规定

一般规定

53. 税收

附录 10 [对涉及第 1 条第（2）款和第 12 条规定的转让方案征税]的规定已生效。

54. 1993 年法案的进一步修正

（1）在 1993 年法案的第 118 条和第 119 条（紧急与安全情况下的权力）第（11）款的结尾，在每种情况下，插入"'铁路'对本条而言具有更广泛的意义"。

（2）在该法案第 119 条第（5）款后插入：

"（5A）为了保护整体在苏格兰的相关资产、人员或资产当中的财物，国务大臣可以根据本条款作出指令，仅当：

(a) 即便铁路对本条而言不具有更广泛的意义，该资产也是相关资产；或者

(b) 该指令是基于国家安全利益作出的。

(5B) 第（5A）款中基于国家安全利益作出的指示，包括为了确保反恐而对被怀疑的资产、人员或财物下达的指令。"

(3) 在该法案第 119 条第（11）款中"指定"的定义后插入：

"'恐怖主义'和《2000 恐怖主义法》（c.11）相关概念的含义相同（见该法案第 1 条）。"

(4) 附录 10（对 1993 年法案所作的进一步细微和相应的修改）已生效。

补充规定

55. 费用等

(1) 以下花费由议会提供的钱支付：

(a) 国务大臣根据本法规定，在履行其职能过程中所产生的支出；

(b) 根据其他法案应支付的、由于本法案而在数额上有所增加的款项。

(2) 国务大臣根据以下条款所取得的款项须纳入统一基金：

(a) 第 6 条；

(b) 第 10 条第（6）款；

(c) 第 13 条第（3）款；

(d) 附录 5 第 7 条。

56. 权利行使的法定文书

(1) 由本法所赋予国务大臣或苏格兰部长的作规定或命令的任何权力是一种权利行使的法定文书;

(2) 当:

(a) 本法规定的命令或规定必须服从消极解决程序;

(b) 按照第 (4) 款和其他任何成文法规,汇票的命令或法规是不需要摆在议会的,并通过每一个议员赞同或由下议院或苏格兰会议决议之时,

载有命令或规定的法定文书在推行一个相关决议中将被撤销。

(3) 在第 (2) 款中,一个有关的决议:

(a) 关于由国务大臣提出的命令或规章,意味着议会两院的决议;

(b) 关于由苏格兰部长提出的命令或规章,意味着苏格兰议会的决议;和

(c) 关于有国务大臣和苏格兰部长共同作出的命令,意味着苏格兰议会或苏格兰两院的决议。

(4) 本法规定:通过命令提供描述的权力是肯定的决议程序,没有程序可以作出该描述的规定(有或没有其他规定),除非汇票的命令在以下两种情况下已经作出:

(a) 议会前,

(b) 两院的决议批准。

（5）除第（6）款所作的规定外，根据国务大臣和苏格兰部长所作的命令或规定，本法所作出的每一项权力包括以下权力：

（a）对不同的权力作出不同的规定（包括关于不同地区的不同规定）；

（b）作出豁免或例外的规定像人行使权力一样被认为是合适的；

（c）让这样偶然的、间接的过度或补充像那个人一样被认为是合适的。

（6）第（5）款不适用与根据第 60 条第（2）款作出命令的国务大臣的权力。

57. "仅限于威尔士的服务"和"威尔士服务"的含义

（1）在本法中：

"仅限于威尔士的服务"是指一种铁路客运服务：

（a）在威尔士起止，在威尔士以外的地区没有其他班次；

（b）国务大臣所作的命令没有排除该限定。

"威尔士服务"是指在威尔士起止，或者在威尔士至少有一个班次安排的铁路客运服务。

（2）国务大臣在作出（b）项规定的、"仅限于威尔士的服务"的限定命令之前，应向威尔士国民议会征询意见。

（3）命令须遵守消极解决程序之规定。

58. 一般性解释

（1）在本法中：

"1993 年法案"是指 1993 年法案（c.43）；

"2000 年法案"是指《2000 年交通运输法》(c.38);

"违反规定"包括不遵守规定,及已作出的相应解释;

"仅限于威尔士的服务"和"威尔士服务"的含义与第 57 条的规定相同。

(2) 对 1993 年法案或其第一章的条款已指明其意义的解释而言,其在本法和其 1993 年法案或(视情况)该法第一章中的含义相同。

(3) 本法中的客运当局、客运主管或客运地区,是指《1968 年交通法》(第 73 号)第二章规定的当局、主管或地区。

(4) 基于本法规定,由一个人在任何时候都完全所有的公司,除了下列条款规定的人员外没有其他成员:

(a) 该人;

(b) 一家由该人全资所有的公司;

(c) 代表该人或该公司的人。

(5) 基于本法规定,由两个或两个以上的人("关联人员")在任何时候(不完全由一个人所有)共同所有的公司,除了下列条款规定的人员外没有其他成员:

(a) 关联人员;

(b) 由两个或两个以上关联人员共同所有的公司或全部由其中一人所有的公司;

(c) 代表一个或多个关联人员或这类公司的人。

59. 相应的修订、过渡性条款及其废止

（1）附录 12（包含相应的和细微的修改）已生效。

（2）国务大臣可以根据 1993 年法案第 7 条第（3）款的规定，对许可证授予或许可证豁免的规定作出修改，如果基于第（3）款相关条款的规定这样做是必要的或有利的：

（a）把某人的职责移交给另外的人（有或没有修改）；或

（b）某人之前承担的职责已相应地移交给另外的人（有或没有修改）。

（3）这些条款是：

（a）第 1 条和附录 1；

（b）第 2 条和附录 3；

（c）第 21 条和附录 6；

（d）第 48 条。

（4）第（2）款规定的计划，包括曾担负这项职责之人所做的或与之相关的事情，可被视为担负这项或相应的职责之人所做的或与之相关的事情的条款，是该法案授予的。

（5）根据第（2）款的规定，对许可证或许可证豁免条款作出变更的，国务大臣须：

（a）在变更许可证条款的情况下，通知许可证的持有人；

（b）根据 1993 年法案第 7 条第（3）款的规定，在变更许可证豁免条款的情况下，向可能受变更影响人员发出其认为适合的通知，以引起注意。

（6）如该章第 2 列所示，附录 13（其中包括所花的部分）第一章的条款已废除。

（7）废止根据该附录第二章保留条款的规定已经生效。

60. 小标题，生效日与效力范围

（1）引用本法时可称为《2005 年铁路法》。

（2）本法[除本条和第 56 条第（1）款之外]从国务大臣通过命令指定的日期开始生效；不同的日期会基于不同的目的而被指定。

（3）国务大臣可以通过命令，制定某些过渡条款和与以下条款生效后与之相关的保留条款：

（a）第 21 条，

（b）本法的第四章，或

（c）1993 年法案第 37 条至第 49 条或者附录 5（结束）的废除，

只要其认为适当即可。

（4）根据第（3）款作出的命令，须服从消极的解决程序。

（5）本法的以下条款仅适用于英格兰和威尔士：

（a）第 13 条；

（b）第 39 条；

（c）第 52 条。

（6）本法不适用于北爱尔兰。

附　录

附录 1

铁路战略机构职能的转移

第一章　职能的转移与废除

铁路监管办公室的消费者保护和其他与许可权相关职能的转让

1.（1）在《1993 年铁路法》第 7 条中：

（a）在第（1）款和第（3）款（就豁免与铁路战略机构协商）的相关内容中删除"与该机关"；

（b）第（5A）、（6A）、（8A）款（消费者保护的条件）废止。

（2）在本条第（9）款中，将第（6）、（6A）款替换为第

（6）款。

2.《1993 年铁路法》第 7A 条废止。

3.（1）在《1993 年铁路法》中第 8 条（许可证）第（1）款中：

（a）删除（a）项中的"和机构"。

（b）删除（b）项中的"在与机构协商后发放"。

（2）该条第（2）款（a）项废止。

（3）在该条第（6）款（放弃许可需征求同意）中，将"和该机构的同意"替换为"同意"。

（4）在该条第（7）款中：

（a）删除（a）项中的"对机构"；

（b）将（b）项中的"机构"替换为"国务大臣"。

（5）删除该条第（8）款中的"和机构"。

4. 在《1993 年铁路法》第 11 条（许可权的授予）中：

（a）在第（2）款（b）项中，删除"和机构"。

（b）在第（4）款中，删除"或人员"。

5.（1）《1993 年铁路法》第 12 条第（1A）到（1C）款（消费者保护条件的修改）废止。

（2）在第（2）款中，将"与消费者保护无关的许可的情形"替换为"根据本条规定"。

6. 在《1993 年铁路法》第 13 条（竞争委员会的变更）中：

（a）用"铁路监管办公室"替换所有出现的"适当的机构"；

（b）第（1A）到（1C）款废止。

7.《1993 年铁路法》第 13A 条（根据第 13 条的时间限制）中，用"铁路监管办公室"替换所有出现的"适当的机构"。

8. 在《1993 年铁路法》第 14 条（修改仲裁的报告）中：

（a）用"铁路监管办公室"替换所有出现的"适当的机构"。

（b）第（5A）款废止。

9. 对《1993 年铁路法》第 15 条（以下报告的修改）：

（a）第（1B）和（3A）款（对铁路战略机构的报告）废止。

（b）删除第（2）款、第（4A）款、第（4B）款、第（4C）款和第（4D）款中所有出现的"或机构"。

（c）在第（4）款中，删除"或者（3A）"和"其他机构"。

10.（1）此条适用于根据《1993 年铁路法》第 13 条至第 15 条（许可证的变更）所作的事项，只要它们实施的是在该条中的铁路战略机构或相关机构等作为适当的机构规定的之前所为或与之相关的行为。

（2）在该款规定施行之后，只要铁路战略机构或相关机构赋予其合法性和效力，相关事项同样有效。

铁路设施相关的条款、改善或发展的转移

11.（1）在第 16A 条、第 16C 条第（3）款、第 16D 条、第

16E 条第（2）款（a）项、第 16F 条第（3）款（a）项和第 16G 条等（铁路监管办公室的指导，由铁路战略机构许可作出的申请，提供、帮助、建设铁路设施），将"机构"替换为"适当的设施建设机构"。

（2）在第 16A 条第（3）款中，将"机构"替换为"适当的设施建设机构"。

（3）在第（3）款后插入以下内容：

"（3A）条和后述第 16B 到第 16G 条中的'适当的设施建设机构'：

（a）与苏格兰有关的机构指的是苏格兰部长；

（b）与其他设施有关的机构指的是国务大臣。"

（4）在《1993 年铁路法》第 16B 条第（1）款和第（4）款（根据第 16A 条获得的设施的豁免）中，将每处"国务大臣"替换为"适当的设施建设机构"。

（5）在第 16B 条第（6）款之后插入：

"（7）根据本条制定的包含一项命令的法定文件会因为苏格兰议会的决议而废除。"

（6）该法第 16B 条第（1）款赋予的、在本条规定生效之前的豁免权：

（a）自本条规定开始生效之日起或之后生效，

（b）在苏格兰部长发布命令之后方可行使，

在不适用该条第（7）款规定的部长们发布命令之后生效。

准入协议相关职能的转移

12.（1）在《1993年铁路法》第17条到第19条（准入协议）中，除了第17条第（4）款和第19条第（7）款的内容之外，用"国务大臣"替换所有出现的"机构"。

（2）在17条第（4）款和第19条第（7）款（代表铁路战略机构的运营）中：

（a）用"国务大臣"替换所有出现的"机构"；

（b）用"国务大臣或苏格兰部长"替换第二次出现的"机构"；

（c）用"他或他们"替换第三次和第四次出现的"机构"。

（3）在该法第18条第（6A）款（b）项中，将"它的"替换为"他的"。

特许经营协议相关职能的转移

13.（1）在《1993年铁路法》第23条（根据特许协议提供的客运服务）第（1）款和第（2）款中，用"适当的授权机关"替换每处"机构"。

（2）在本条第（2）款之后插入以下内容：

"（2ZA）当苏格兰部长指定苏格兰专营服务之时，其也能够授权跨区服务：

（a）其认为应根据同一项特许经营协议、作为特别的苏格兰专营服务或其中的一个特别层级而提供；

（b）根据第24条第（1）款的规定，该服务不能豁免。

（2ZB）本条中所有经苏格兰部长指定的跨区服务不需要征得国务大臣的许可。

(2ZC) 在英国国务大臣或苏格兰部长指定跨区服务前，其应互相协商。"

(3) 该条第（2B）款（指定的公开）废止。

(4) 在该条第（3）款中：

(a) 在"特许协定"定义前插入以下内容：

"'适当的指定机关'：

(a) 与苏格兰专营服务相关时，指的是苏格兰部长；

(b) 与其他服务相关时，指的是国务大臣；

'适当的特许机关'：

(a) 与苏格兰专营服务相关时，指的是苏格兰部长；

(b) 与其他服务相关时，指的是国务大臣；"

(b) 在"特许经营协议"的定义中，用"与国务大臣、与苏格兰部长或与英国国务大臣及威尔士国民议会共同"替换"与机关"。

(5) 作为本条规定所指的指令，铁路战略机构根据《1993年铁路法》第23条所作出的、在第（1）款规定施行之前即生效的指定，将在该款施行后生效：

(a) 在根据构成或包括苏格兰专营服务的服务协议提供的情况下，由苏格兰部长指定；

(b) 在其他情况下，由国务大臣指定。

14.（1）《1993年铁路法》第24条（国务大臣授予的特许豁免权）作出如下修订。

(2) 在第（1）款至第（5）款、第（9）款中，用"适当的指定机关"替换每处"国务大臣"。

（3）在第（3）款（a）项和（b）项中，用"适当的委任机关"替换每处"他"。

（4）在第（3）款之后插入：

"（3A）在授予跨区服务的特许豁免权之前，国务大臣需同苏格兰部长协商。"

（5）在第（4）款中，用"它"替代每处"他"。

（6）在第（6）款中，用"由适当的指定机关授权不遵守，它"替代"不遵守，国务大臣"。

（7）在第（9）款中，用"它"替代每处"他"。

（8）在第（12）款之后插入：

"（12A）根据本条制定的包含一项命令的法定文件会因为苏格兰议会的决议而被废除。"

15.（1）《1993年铁路法》第26条（特许经营权投标邀请）进行如下修订。

（2）在第（1）款中，用"适当的特许机关可以选择一个与特许协定有关的特许经营人"替换从"机关"开始的内容。

（3）在第（2）款、第（3）款中，用"适当的特许机关"替换每处"机关"。

（4）第（4）款废止。

（5）第（5）款至第（10）款的内容（国务大臣对指导权的陈述）由以下内容替换：

"（4A）国务大臣与苏格兰部长将各自对其提议的政策进

行陈述，或（根据具体情况）提议根据上述第（1）款的规定行使权力。

(4B) 此陈述应包括国务大臣和苏格兰部长关于以下的政策，特别是：

(a) 其根据特许协定选定的候选人有可能来自于受邀请的投标者；

(b) 邀请可能未发出；

(c) 在没有邀请的情况下，其能够通过某种方式作出选择。

(4C) 根据特许经营协议决定特许经营人选和选择方式时，适当的特许机关应注意到政策的陈述。

(4D) 国务大臣或苏格兰部长：

(a) 能够随时更改或替换其所作出的政策陈述（根据具体情况而定）；

(b) 在更改或替换政策陈述之时，必须公布。

(4E) 在准备更改或替换政策陈述之前：

(a) 国务大臣需同威尔士国民议会协商并进行其认为适当的协商；

(b) 苏格兰部长需进行认为适当的协商。

(4F) 当准备、更改或替换政策陈述之时，需准备一份文件：

(a) 由国务大臣准备、更改或替换的，需在提交国会前；

(b) 由苏格兰部长准备、更改或替换的，需在提交苏格兰议会前。"

（6）《1993 年铁路法》第 26 条第（4A）款规定的政策陈述未被公开的事实，不会影响该法第 26 条第（1）款规定所作选择的合法性。

16. 用以下内容替换《1993 年铁路法》第 26A 条、第 26B 条和第 26C 条（在无投标人或者投标人不符合要求的情况下，国务大臣的指示）：

"（26ZA）特许经营权投标人不足

（1）本条适用于根据该法第 26 条关于服务的条款邀请投标的情形：

（a）适当的特许机关未收到投标邀请，或

（b）虽收到了投标要求，但其认为在不参加招标加入特许经营协议的情况下能提供更为经济有效的服务。

（2）适当的特许机关可：

（a）根据该法第 26 条关于服务的条款发出新的投标邀请；

（b）在投标人不投标的情况下，确保提供特许经营协议规定的服务；

（c）根据特许经营协议，决定不能确保提供服务。

（3）在适当的特许机关根据特许经营协议决定不能确保服务的提供之时，本条的其他规定不能禁止其在随后发布新的关于服务的投标邀请。"

17.（1）在《1993 年铁路法》第 27 条（特许经营财产或股份的转让）中，用"适当的特许经营机关"替换每处"机关"。

（2）在该条第（8）款和第（9）款中，用"《2005 年铁路法》第 12 条"替换"《2000 年交通运输法》附录 21。"

18.（1）在《1993 年铁路法》第 28 条（车票与车票折扣方案）第（2）款中，用"适当的特许经营机关"替换"机关"。

（2）在第（4）款中：

（a）在"视为"之后插入"与特许经营协议相关"；

（b）用"适当的特许经营机关"替换每处"机关"。

（3）根据《1993 年铁路法》第 28 条形成的、在本条规定施行之前不久出台的车票打折方案视作由适当的特许经营机关在本条规定施行之后提出。

19. 在《1993 年铁路法》第 29 条（特许协定的其他条款和条件）中，用"适当的特许经营机关"替换每处"机关"。

兜底性服务提供者职能的转移

20.（1）在《1993 年铁路法》第 30 条（没有特许经营之时，确保提供服务的最后运营者）中，用"相关的特许机关"替换每处"机关"。

（2）第（1）款（a）项废止。

（3）在第（2）款中，用"再次开始提供"替换"开始（或再次开始）提供"。

（4）在该条第（3）款之后插入：

"（3A）根据本条规定，国务大臣和苏格兰部长均有权：

（a）提供或运营铁路网、车站或照明维护服务；

（b）在通过铁路对货物进行运输之前，对货物进行存储和

托运;

苏格兰部长还享有提供苏格兰专营服务和跨区服务的权力。

(3B) 本条中的'相关的特许机关'是指与结束或终止的特许经营协议有关的、作为特许机关的经营者。"

(5) 在本条规定生效之前不久，铁路战略机构根据《1993年铁路法》第 30 条提供或确保服务时，该条规定在本条规定生效之后仍具有效力，如果：

(a) 满足第 (1) 款 (b) 项所规定的条件;

(b) 相关的特许机关是指：

(i) 除了第 (ii) 款之外，指国务大臣;

(ii) 根据特许经营协议需提供的服务是兜底性服务，包括苏格兰专营服务之时，指苏格兰部长。

与实施相关职能的转移

21. (1)《1993 年铁路法》第 55 条 (确保命令的遵守) 作出如下修订。

(2) 将第 (1) 款、第 (2) 款、第 (4) 款中每处 "(5B)" 替换为 "(5C)"。

(3) 在第 (5) 款中，删除 "或，根据具体案件，《2000 年交通运输法》第 207 条"。

(4) 在 (5ZA) 款中:

(a) 用 "国务大臣和苏格兰部长均不能" 替换 "该机关不能";

(b) 在 (a) 项中, 用"国务大臣或 (根据具体情况) 那些大臣"和"他或他们"替换"他"和"该机关";

(c) 在 (c) 项中, 用"国务大臣或 (根据具体情况) 苏格兰部长"替换"该机关"。

(5) 在第 (5B) 款之后插入:

"(5C) 不能要求国务大臣和苏格兰部长对违反特许经营协议的行为作出最终或临时命令, 如其认为:

(a) 该行为是轻微的;

(b) 鉴于此作出或遵守命令是不适当的。

(5D) 适当的机关必须遵照第 (6) 款的规定:

(a) 在适当的机关是国务大臣或苏格兰部长的情形下, 如果该机关不作出最后裁定, 或者不作出或遵守临时命令, 是因为规定已经囊括在上述第 (5) 款或第 (5ZA) 款中;

(b) 在适当的机关是铁路监管办公室的情形下, 如果其不作出最后裁定, 或者不作出或遵守临时命令, 是因为规定已经囊括在上述第 (5) 款、第 (5A) 款或第 (5B) 款中。"

(6) 在第 (6) 款 (决定的通知) 中, 用以下内容替换从开头到结尾的内容:

"(6) 当适当的机关需遵守本款规定之时, 其必须:

(a) 向相关运营者告知该决定。"

(7) 在第 (7A) 款中, 用"如果具体违反命令"替换"该机关如果具体违反命令":

(a) 在苏格兰部长作出命令的情况下, 对他们,

（b）在其他情况下，对国务大臣。

（8）在第（10）款中：

（a）在（a）项"适当的机关"的定义中，删除"除去与消费者保护有关的情形，"；

（b）用以下内容替换（b）项：

"（aa）在与相关条款或要求有关的情形下：

（i）苏格兰特许经营协定中的特许经营者；

（ii）与此协议相关的特许经营运营者，或

（iii）苏格兰部长；

（b）在与相关条款或要求有关的情形下：

（i）不属于（aa）项（i）规定的特许经营者，

（ii）不属于（aa）项（ii）规定的特许经营运营者，或

（iii）受终止限制但并非苏格兰终止限制制约之人，

国务大臣；"。

22. 在《1993 年铁路法》第 56 条第（2A）款（第 55 条规定的程序要求）中，用"国务大臣和苏格兰部长"替换第一处直到该款末尾的"机关"。

23.（1）《1993 年铁路法》第 57A 条（处罚）作出如下修订。

（2）在第（2）款中，用以下内容替换"对机关"：

"（a）在苏格兰部长作出处罚的情形下，对他们；

（b）在其他情形下，对国务大臣。"

（3）在第（5）款中：

（a）用"国务大臣和苏格兰部长均不能"替换"该机关不能"；

（b）在（a）项中，用"国务大臣或（根据具体情况）那些大臣"和"他或他们"替换"它"和"该机关"；

（c）在（c）项中，用"国务大臣或（根据具体情况）苏格兰部长"替换"该机关"。

24.（1）在《1993年铁路法》第57B条中：

（a）用"国务大臣、苏格兰部长"替换每处"机关"；

（b）在第（3）款、第（4）款"的陈述"之后插入"他，他们或"。

（2）国务大臣、苏格兰部长或铁路监管办公室如未按照《1993年铁路法》第57B条的规定发布政策陈述，也不会影响：

（a）根据第57A条规定作出的处罚决定的有效性；

（b）处罚数额的决定；

（c）包括在最终或临时的命令中，要求其支付一定数额；

（d）根据特定法令需要支付数额的决定。

25.在《1993年铁路法》第57C条第（3）款（处罚通知的服务）中，用"国务大臣和苏格兰部长"替换从第一次到最后一次出现的"机关"。

26.（1）本项规定适用于铁路战略机构根据《1993年铁路法》第55条至第58条（实施）规定所作出的事项，只要这些事项是铁路战略机构作为适当的机关在本项规定生效之前所为或与之相关。

（2）在该款规定施行之后，只要铁路战略机构或相关机构赋予其合法性和效力，相关事项同样有效：

（a）只要是铁路战略机构作出的相关决定，只要恰当机关与消费者保护的条件相关，该决定由国务大臣和苏格兰部长作出，如具体情况的需要；

（b）在其他情况下，由铁路监管办公室作出或与之有关。

铁路管理命令相关职能的废除

27.（1）《1993年铁路法》接下来的条款（与铁路战略机构运用铁路管理命令和被告知受保护的铁路公司适用的破产程序有关）废止：

（a）第61条第（1）款（a）项（ii）和第（2）款（b）项；

（b）第62条第（2）款（a）项（ii）、第（3）款（b）项、第（5）款（a）项（ii）、第（6）款（b）项和第（7）款（b）项。

（2）在与公司有关的本款规定生效前，铁路管理命令已施行的情形下，铁路战略机构所作或与之有关的命令相关事务，并根据：

（a）《1993年铁路法》第59条至第62条的规定，或

（b）该法附录6、附录7中的条款，或者《1986年破产法》（c.45）根据《1993年铁路法》附录6所作的修改，

生效，只要适当的国家机关认为有必要赋予其合法性和效力（在《1993年铁路法》第一章所规定的含义中）。

违反消费者保护情形调查义务的废除

28.《1993年铁路法》第71A条（违反消费者保护情形调查的义务）废止。

维护保护残疾旅客行业准则职能的转移

29.（1）在《1993年铁路法》第71B条（保护残疾旅客的准则）中，用"国务大臣"替换每处"机关"。

（2）在本款规定施行之前生效、根据《1993年铁路法》第71B条制定的准则，在本款规定施行之后、国务大臣准备并公布后即生效。

（3）铁路战略机构需根据本款规定生效前、《1993年铁路法》第7B条第（2）款的规定，同国务大臣就准则在将来可能进行的修订进行特别协商，且协商应视作本款规定生效后、由国务大臣实施的修订。

与登记保存相关职能的转移

30.（1）在《1993年铁路法》第73条（由铁路战略机构保存的登记）中，用"国务大臣"替换每处"机关"。

（2）在第（1）款中，用"他"替代"它"。

（3）在该条第（2）款中：

（a）用"第（3）款和第（4）款"替换"第（3）至第（4）款"；

（b）在"在登记中"之后插入"（除了根据下述第73A条规定所要求保存的登记之外）"；

（c）用"他"替换（e）款中每处"它"；

（d）在（g）项后插入：

"（ga）根据第 23 条作出的指定及其更改和撤销；"。

（4）用以下内容替换本条第（3）款：

"（3）当国务大臣认为有保密需要，其可以被排除但以合适的方式在事项登记时加入条款，只要：

（a）在国务大臣看来，个人相关事项的公布会或可能会严重影响或损害个人利益；

（b）在国务大臣看来，团体具体相关事项的公开会或可能会严重影响或损害该团体的利益。"

（5）在本条第（4）款中，用"其可以决定"替换从"或"到"机关"之间的内容。

（6）本条第（5）款和第（6）款废止。

（7）在本条第（7）款中：

（a）在第一个出现的"根据"一词后，插入"苏格兰部长或"；

（b）将"铁路监管办公室会"替换为"苏格兰部长和铁路监管办公室会分别"

31. 在该条之后插入：

"（73A）苏格兰部长保存的登记：

（1）苏格兰部长需保存的登记。

（2）登记需以苏格兰部长所决定的形式和场所保存。

（3）根据下述第（4）款、第（5）款，苏格兰部长需使下列事项列入登记：

（a）其根据该法案第 23 条所作的每次制定，以及制定的更改和撤销；

　　（b）授予其的每项特许经营豁免权；

　　（c）其作为一方当事人的每份特许经营协议；

　　（d）特许经营协议的每处修改，根据协议对服务的提供和支付数额没有实质影响的修改除外；

　　（e）其根据《2005 年铁路法》第 34 条所作的每项决定，这些决定终止的是微小改动或终止的特别说明是微小改动；

　　（f）其根据该条所作的每项与终止说明有关的撤销决定；

　　（g）与其根据第（5）款规定作出的决定有关的情形；

　　（h）其作出的每项最终或临时法令；

　　（i）其所作的每项撤销决定；

　　（j）其根据本法第 55 条第（6）款所作的决定不作出命令的通知；

　　（k）其根据本法第 57A 条作出的每项处罚；

　　（l）其根据本法第 57B 条所作的每项政策陈述。

　　（4）当苏格兰部长认为有保密需要，其可以被排除但以合适的方式在事项登记时加入条款，只要：

　　（a）在苏格兰部长看来，个人相关事项的公布会或可能会严重影响或损害个人利益；

　　（b）在苏格兰部长看来，团体具体相关事项的公开会或可能会严重影响或损害该团体的利益。

　　（5）如果苏格兰部长认为登记的条款违反公共利益，其可以决定不列入登记。

（6）国务大臣和铁路监管办公室可以就登记的内容随时进行免费审查。

（7）国务大臣和铁路监管办公室均可要求苏格兰部长为其免费提供（根据具体情况）经过核准的登记部分或节选内容的副本。

（8）第（7）款中的经过核准的副本或节选是经苏格兰部长核准的、真实的副本或节选。

（9）第（3）款（d）项中与特许经营协议有关的"修订"一词，是指时时构成特许经营资产的，包括财产、权利和义务等在内的变更（无论根据协议或者相关修改是否具有效力），无论其被如何描述。"

铁路乘客委员会相关职能的转移

32.（1）在《1993年铁路法》第76条（铁路乘客委员会的一般性义务）中，用"国务大臣"替换每处"机关"[第（6）款（a）项除外]。

（2）在该条第（4）款中，用"确保服务（在《2005年铁路法》第四章的规定范围之内）"替换"服务"。

（3）在该条第（5）款（b）项之后：

（a）用"他的"替换"它的"；

（b）用"他"替换最后一处"它"。

（4）在该条第（6）款（a）项中，删除"和该机关"。

（5）该条第（8）款废止。

从许可证持有者处获取信息权力的转移

33. (1) 在《1993 年铁路法》第 80 条（经请求向铁路战略机构提供信息的义务）中，用"国务大臣、苏格兰部长和铁路监管办公室"替换每处"机关"。

(2) 在该条第（1）款中：

(a) 用"他、他们或它"替换每处"它"；

(b) 用"国务大臣、苏格兰部长或（根据具体情况）该办公室的职能"替换"它的职能"。

处罚相关职能的废除

34. 在《1993 年铁路法》第 130 条中：

(a) 用以下内容替换第（2）款（p）项（允许国务大臣或铁路战略机构禁止向违反规定人员收取罚款的权力）：

"(p) 国务大臣和苏格兰部长提出禁止在特定情形下向特定人收取罚款。"；

(b) 第（5）款、第（6）款和第（10）款（处罚规定赋予铁路战略机构的职能）废止。

旅游优惠相关职能的转移

35. (1) 《1993 年铁路法》第 135 条（旅游优惠）作出如下修订。

(2) 在第（2）款和第（3）款中，用"国务大臣和苏格兰部长会"替换"机关会"。

(3) 在第（6）款中，用"国务大臣和苏格兰部长会行使授予其的权利和义务"替换"机关会行使职能"。

(4) 在第（7）款中，用"国务大臣采取，或苏格兰部长采取"替换"机关采取"。

2000 年法案废除的特定职能

36. 2000 年法案的以下条款废止:

(a) 第 213 条(提供铁路服务的权力);

(b) 第 214 条(替换公交和出租车服务);

(c) 第 219 条(制定法律细则的权力)。

第二章　苏格兰部长转让的定义

37. (1)《1993 年铁路法》第 83 条第(1)款(《1993 年铁路法》、2000 年法案第四章和本法案的定义表述)作出如下修订。

(2) 在"同意终止"的定义之后插入:

"跨区服务是指从英格兰、威尔士或苏格兰开始和终结,或在其他情况下至少有一个计划停靠车站的铁路客运服务;"。

(3) 在"火车车辆"的定义之后插入:

"与服务或旅行相关的'计划停靠车站',是指允许乘客上车或下车(包括该服务或旅程的起始站点)的计划停靠车站;

'苏格兰专营服务',是指起始站都在苏格兰境内且不属于跨区服务的铁路客运服务;

'苏格兰特许经营协议',是指作为特许经营服务根据的下列协议:

(a) 包括和部分包括苏格兰专营服务;

(b) 只要包括其他服务,就包括由苏格兰部长指定的跨区服务;"。

附录 2

转让方案

方案的应用与开始

1.（1）方案可以下一种或多种方式设定转让的财产、权利和义务：

（a）通过专门的详细描述或说明；

（b）利用一般性转移承诺来确定；

（c）通过针对具体部分的转移承诺来确定。

（2）该方案自方案规定之日起生效。

被转移的财产、权利和义务

2.（1）根据方案转移的财产、权利和义务包括：

（a）出让人原本不可能转移或分配的财产、权利和义务；

（b）制定方案后、生效前获得的财产和在此期间产生的权利和义务；

（c）牵涉到方案生效前的事务的、于方案生效后产生的权利和义务；

（d）法律、社区条例和附属法律规定的权利和义务。

（2）方案赋予其效力的转让包括根据下列方案发生效力的转让：

（a）不需要获得某人的同意，

（b）不存在违反其他要求的义务，

（c）与其他利益和权利不存在冲突，

会存在因为第（3）款规定范围之内的条款而和本法案规定

不同的交易。

（3）列入本款范围之内的条款在一定程度上发生效力（无论是根据法律、协定或其他），其与赋予或提供给转让者的转让相关条款有关。

（4）第（5）款适用于（本款除外）某人因为本法案第 1 条第（2）款与方案有关的规定所从事或可能从事的事项而获得权利的情形：

（a）终止、变更、取得或主张赋予或提供给转让者的利益或权利；或

（b）将此利益或权利视为变更或终止。

（5）赋予的相关利益和权利可行使：

（a）根据本法案所从事或可能从事的事项，

（b）在转让后发生的相应情况，

只需要该方案具有可操作性。

（6）当转移者在子公司的股份被转移或将被转移之时，第（2）款至第（5）款有效：

（a）转让人因转让相关事宜享有或需遵守的、第（3）款中的期限，包括转让生效前其子公司享有的或需遵守的转让期限。

（b）第（4）款中的转让者包括子公司。

分割和变更转让者的财产、权利和义务

3.（1）方案可包括以下条款：

（a）产生有利于转移者和被转移者的、根据方案转让的财产自身或与之相关的利益、权利；

125

(b) 赋予一项转让以效力，以产生有利于某人的、转让者保留财产自身或与之相关的利益、权利；

(c) 产生不同的受让人之间，以及受让人和转让者之间的新的权利和义务（包括获取赔偿的权利和赔偿义务）。

(2) 方案可能包括产生权利和义务的条款，以改变转让者中不同部分的项目之间的安排，这些项目在不同的受让人之间，或转让者与受让人之间订立的合同方案生效之前已存在。

(3) 方案可能包含以下条款：

(a) 转让的权利和义务，以使其可由不止一个受让人，或转让者和受让人双方实施；

(b) 针对列入 (a) 项范围之人的、可实施的权利和义务，以使其在不同或变更过的方面可行。

(4) 方案可能包括第三人的利益、权利和义务条款，这些条款与计划相关的、以计划设定的方式变更的事宜有关。

(5) 第 (4) 款中与方案有关的"第三人"，是指转移者和被转移者之外的人。

(6) 根据方案产生适用于转让者的利益和权利之时，第 2 条第 (2) 款和第 (3) 款适用。

根据方案使转让生效的义务

4. (1) 方案会包含转让者和受让人的义务条款：

(a) 与其他人就相关义务达成协议，这些义务已由或可能由本条所规定（无论是在同样或者不同的方案中），或

(b) 实施有利于这些人的法律文书，

126

正如在方案中明确说明和描述的一样。

(2) 民事诉讼中的相关人员在下列情形下，承担第（1）款规定所施加的义务:

(a) 因强制禁令;

(b) 具体履行《1988 年最高民事法院法》（c.36）第 45 条规定的法律义务; 或

(c) 因其他适当的补偿或赔偿。

(3) 第（2）款中的相关人员是指所达成或执行的协议和法律文书中涉及或受益之人。

方案的效力

5. (1) 载明了财产、权利和义务的转让或产生利益、权利或义务的方案:

(a) 在方案生效时，此法案生效，将赋予受让者财产、利益、权利或义务，无需进一步的保证;

(b) 财产、利益、权利或义务相关方案的条款从那时起生效。

(2) 第（1）款规定需遵照下列方案:

(a) 根据该方案转让财产、权利和义务，

(b) 根据该方案产生利益、权利和义务，

因依照第 4 条第（1）款规定的义务而达成或执行的协议或法律文书生效。

(3) 在方案适用于苏格兰之时，第（1）款规定删除"无需进一步的保证"后即生效。

法定条款规定的权利和义务

6. （1）方案能够为本条适用的全部或部分权利和义务制定以下条款：

（a）转让给受让者；

（b）成为可行的权利和义务，或由 2 个或以上受让者同时行使；

（c）成为可行的权利和义务，或由转让者与受让者同时行使。

（2）本条适用的权利和义务是指赋予或施加给转让者的、或者根据相关法律获得的权利和义务，只要其与以下内容有关：

（a）根据方案将被转让的财产；

（b）与此类财产相关项目的执行；

（c）为执行此项目而取得的土地。

（3）本条中的"相关法律"指的是除以下法律之外的其他法律：

（a）《1993 年铁路法》；

（b）2000 年法案第四章；或

（c）本法案。

（4）本条不要求为第 2 条第（1）款（d）项规定所要转让的物品提供严格的指引。

方案的补充条款

7. （1）方案能够：

（a）只要方案制定人认为合适，就可以依据方案制定转让相关的附带的、补充性的、随之发生的和过渡性的条款；

（b）为不同的情况制定不同的条款。

（2）特别是，根据此方案制定的与转让有关的条款:

（a）受让者与转让者在法律上受到同等对待。

（b）只要对于本条中的转让方有必要，转让方作出的或与之相关的协定，生效的交易或者其他完成的事件，将被视为是由被转让方相关制定、产生或完成的。

（c）给转让者及其雇员或官员的协议、法律文书或其他文件中根据方案进行的变更，只要是为了转让或与转让有关，即生效。

（d）针对或由转让人提起的诉讼，将由被转让方继续进行。

（3）第（2）款（c）项不适用于制定法或附属法律。

（4）本条中根据方案进行的转让包括方案中利益、权利或义务的产生。

协议对方案的变更

8.（1）在转让者与受让者同意生效的方案时，方案在发生之前经过同意的变更时仍然可被视为有效。

（2）只有在根据本条制定的、与雇用合同中的权利和义务有关的协议中的雇员作为协议一方当事人之时，他人方可加入。

（3）根据此条制定的协议对于除转让者之外的其他人的财产和权利均有不利影响的，受让者或雇员可加入他人作为一方当事人的协议。

（4）本条规定的协议包含的条款包括：

（a）方案中保留的条款；

（b）与这些条款相关的附带的、补充性的、随之发生的和过渡性的条款。

9. 雇用的持续等

（1）当转让者根据方案雇用了某人之时，该人就成为受让者的雇员：

（a）根据《1996年雇用权利法》（c.18）第十一章的规定，此人不能被认定为因转让而被解雇；

（b）根据本法，其之于转让者的雇用期对受让者同样适用；

（c）无论是根据《1996年雇用权利法》还是《1993年铁路法》附录11（退休金）的规定，雇用的改变不能打破雇用期的延续性。

（d）在受让者不从事铁路行业的情况下，根据《1993年铁路法》附录11第8条的规定，此人之于受让者的雇用期在决定是否达到停止雇用的条件之时将不予考虑。

（2）本条中成为受让者的雇员及被受让者雇用，包括被本国公务员系统录用的情形。

对第三方的赔偿

10.（1）在：

（a）给予第三方利益或权利之时，除根据第1条第（2）款、第2条第（4）款、第（5）款所制定的方案之外，与根据财产、权利和义务方案有关的转让和产生是可行的；

（b）该方案或第 2 条第（4）、第（5）款中的条款具有法律效力，其能够避免第三方在方案提供的范围之外获取利益和权利；

（c）确保那些等值的利益或权利获取的方案未制定相关条款，这些条款在某情形第一次出现时被保留或创造，以便在相关情形在方案提供的转让生效之后、下一次出现时能适用，

第三方享有因失去法定权利而获得赔偿的权利。

（2）根据本条规定，第三方所获得的法定赔偿应当达到必要的数额，以保证公正，避免其因失去法定权利后遭受经济损失。

（3）根据本条之规定，国务大臣有义务支付赔偿金。

（4）本条之前条款中的、与方案有关的"第三方"，是指转让者与受让者之外的人。

（5）与下列内容有关时，本条具有效力：

（a）因根据第 1 条第（2）款制定的方案施加的义务而达成或执行的协议或法律文件的条款，

（b）与转移和产生的财产、权利、义务有关的、根据第 8 条之规定、与方案相关的协议中的条款，

当其与方案有关时有效，但在涉及第 8 条规定的协议的情况下，只有不属于协议双方的人才被视作第三方。

为方案制作人提供信息

11.（1）起草或制定方案之人（"方案机关"）可以指示：

(a) 被提名的转让者，或

(b) 被提名的受让者，

提供其认为对方案制定有必要的信息。

(2) 指示必须指明提供信息的日期。

(3) 指示所指明的期限自发生指示的当日起开始，不得少于 28 天。

(4) 如果有人不遵守该指示，那么方案机关可以告知并要求此人：

(a) 为方案机关制作通知中明确描述或说明、且由此人保管和支配的文件。

(b) 为方案机关提供在通知中明确描述或说明的信息。

(5) 根据通知应制作或提供的文件或信息，应在通知规定的时间和地点，以规定的形式和方式制作或提供。

(6) 根据本条规定，不得要求个人履行以下义务：

(a) 在法庭的民事诉讼中强迫其制作文件；

(b) 在该诉讼作证中强迫其提供信息。

(7) 根据第（4）款的规定，蓄意篡改、隐藏或损毁行为人有义务提供的文件的构成犯罪，行为人应承担以下法律责任：

(a) 即席判决的，罚款不能超过法律规定的最大数额；

(b) 经起诉判决的，处以罚款。

(8) 若某人不遵从第（4）款中的通知，经方案机关申请，如果法院认定有必要纠正此行为，法院将下达命令。

(9) 根据第（8）款下达的命令包括由以下人员中的一人或

者多人承担的花费、费用和杂费的要求:

(a) 失职人员;

(b) 公司或其他组织中、为其失职行为负责的其他人员。

(10) 在本条中:

(a) 制定文件包括以易读的形式制作清晰、易懂的、记载了信息的文件的行为;

(b) 隐藏文件包括以易读的形式破坏记载了信息的文件复制的行为。

(11) 在本条中的"法院"是指:

(a) 在英格兰和威尔士,是指高级法院。

(b) 在苏格兰,是指最高民事法院。

解释

12. 在本附录中:

"制定法"包括苏格兰议会的法律。

"受让者":

(a) 与方案相关之时,指的是根据方案从别处获得财产、权利或义务的人;

(b) 根据方案,与被转移或产生的特定的财产、权利或义务相关之时,是指财产、权利或义务的转让或产生对其有利之人。

"转让者":

(a) 与方案相关之时,指的是根据方案转让财产、权利或义务的人;

（b）根据方案，与被转移或产生的特定的财产、权利或义务相关之时，是指给予他人财产、权利或义务的人，此时，财产、权利或义务的转让或产生对他人有利。

"方案"是指根据第 1 条第（2）款或第 12 条制定的方案。

"子公司"一词与《1985 年公司法》（c.6）第 736 条规定的含义相同。

（2）本附录中的权利或权利的获得包括权利行使权的获得，相应的，产生的权利包括可行使的权利。

附录 3
安全职能的转移

铁路安全目的

1.（1）根据第（4）款之规定，本附录"铁路安全目的"是指 1974 年法案第一章所规定的一般目的（规定于该法案第 1 条中）：

（a）与第（2）款规定一个或多个目的相关的风险；

（b）在与本款中提到的事项发生关联时产生的诸多相关风险。

（2）第（1）款中提到的目的是指：

（a）第（3）款提到的确保建设的合理与运输系统的安全运行；

（b）确保建设的合理与火车、有轨车辆或其他车辆在系统上使用或者将来使用之时的安全运营；

（c）保护公众（不管是否为乘客）的安全，避免遭受来自个人的攻击或者基于设施和系统造作带来的危险；

（d）保护铁路工作人员，避免遭受来自个人的攻击或者其他风险。

（3）如果是下列事物，就属于本款所指的交通运输系统：

（a）一条铁路；

（b）一辆电车；

（c）一套有轨电车车辆系统；或者

（d）一种能够指挥运输的系统。

（4）国务大臣可根据规则对"铁路安全目的"的含义进行修改。

（5）在根据第（4）款制定规则之前，国务大臣需咨询：

（a）铁路监管办公室；

（b）卫生及安全委员会；

（c）其认为适合的其他人员。

（6）根据第（4）款制定的规则适用消极解决程序。

（7）在本条中：

"指导运输"、"铁路"、"电车"、"有轨电车车辆系统"、"车辆"具有各自在《1992年运输与工务法》中（c.42）的相同含义，除了在该法案第67条第（1）款（b）项对"铁路"的定义（其包括一个关于最低轨道测量标准的条件）；

"工人"与1974年法案第一章中的含义相同（参见该法案第52条）。

铁路监管办公室的主要铁路安全职能

2.（1）以下应该是铁路监管办公室的日常职责：

（a）完成对铁路安全目的有益的事务或部署；

（b）帮助、鼓励人民关注与铁路安全目的或其他铁路相关业务有关的事情。

（2）以下应该是铁路监管办公室的职责：

（a）对与铁路安全目的有关的研究及对研究结果的公开作出合理部署；

（b）鼓励更多的人进行相关研究。

（3）以下应该是铁路监管办公室的职责：

（a）对与铁路安全目的相关的信息的提供以及培训作出合理部署。

（b）鼓励更多的人提供相关的信息和培训。

（c）进行合理部署以保护第四款提到的人们：

（i）对与铁路安全目的相关的信息及时进行提供并做好相关的咨询服务；

（ii）出现相关情况及时通知；

（iii）对他们进行合理建议。

（4）这些人是：

（a）政府部门；

（b）雇主；

（c）雇员；

（d）雇主和雇员各自的代表机构；

（e）关注与铁路安全目的有关事项的其他人。

（5）铁路监管办公室的职责还有：适时的向有权根据相关法律规定对铁路安全目的进行规定的政府部门提交他们认为适当的制法建议。

（6）在根据第（5）款规定提交建议之前，铁路监管办公室需咨询：

（a）特定的政府部门，

（b）特定的人员，

只要其认为合适。

（7）有权制法的部门在做以下工作之前必须商请铁路监管办公室：

（a）根据第（5）款中的建议独立地对铁路安全目的进行制法，

（b）制定对这些建议有影响但有修改的规章。

（8）在这段里，"雇主"、"雇员"和"相关法律规定"与1974年法案第一章中的概念具有相同的含义[参见该法案第53条第（1）款]。

卫生与安全委员会相应职能的剥离

3.（1）在1974年法案第11条（赋予了卫生与安全委员会相当于第2条中赋予铁路监管办公室的铁路安全目的的一般职能）中：

（a）在第（1）款中，用"受第（2A）款和第（3）款制约"替代"受第（3）款制约"；

（b）在第（2）款之后，将第二项所列的分段插入进去。

（2）要插入的部分是:

"（2A）上述第（1）款和第（2）款":

（a）参考本部分的一般目的，但是不包括铁路安全目的;

（b）根据法律规定制法的权力不包括目前对铁路安全目的运行有利的法律进行修改的权力。

报告和调查

4.（1）铁路监管办公室可以授权一个人针对一个事故、事件或其他任何事去进行调查并作出特别报告，只要他们认为有必要或有利:

（a）基于铁路安全目的;

（b）为了制定有关这些目的的法律。

（2）铁路监管办公室会引起:

（a）根据本款作出的特别报告的内容，或者

（b）他们认为合适的，

在合适的时间、以合适的方式公开。

（3）当一个人不是铁路监管办公室的成员、官员或雇员而按照本款进行调查并作出特别报告时，铁路监管办公室会支付给他部长确定的酬金和费用。

（4）铁路监管办公室可以依照部长能够决定的幅度支付下列费用:

（a）根据本款进行的调查;或者

（b）根据调查作出特别报告。

（5）在1974年法案第14条第（1）款（可由卫生与安全委

员会要求或授权的调查事项等）中，将"它是"替换为：

"（a）这些一般目的应视为不包括铁路安全目的；除非

（b）另有规定"。

5.（1）第 4 条生效前适用本款，卫生与安全委员会根据 1974 年法案第 14 条第（2）款（a）项指示或授权一个人针对一个事故、事件或其他任何事去进行调查并作出特别报告，只要他认为有必要或有利：

（a）基于铁路安全目的；

（b）为了制定有关这些目的的法律。

（2）为施行或延续调查，并在第 4 条之后作出报告，指示和授权需被视为根据第 4 条由铁路监管办公室进行的授权。

（3）如果：

（a）卫生与安全委员会指示或授权的人已经作出了一份特别报告，但是

（b）委员会没有根据 1974 年法案第 14 条第（5）款对报告的全部进行公开，或者只公开了一部分，

那么该报告应视为根据第 4 条对铁路监管办公室作出的。

（4）如果卫生与安全委员会指示或授权的人还没有作出一份特别报告，铁路监管办公室可以直接对这个人下指令：

（a）不作特别报告就放弃调查；或者

（b）根据铁路监管办公室指示的方式继续调查。

（5）卫生与安全委员会在第 4 条开始前同意根据 1974 年法案第 14 条第（6）款（a）项或（c）项向任何人支付调查或特别

报告所支付的酬金或费用，或支付调查及报告的费用：

（a）委员会必须对第 4 条开始前商定的事项不断支付费用；

（b）开始后的费用由铁路监管办公室支付。

并且，（b）项不影响铁路监管办公室根据该条享有的权利，在该条开始后，有权继续支付其他的酬金或费用。

6.（1）本款适用于第 4 条生效前，卫生与安全委员会根据 1974 年法案第 14 条第（2）款（b）项赋予的权力指示调查，针对一个事故、事件或其他任何事去进行调查并作出特别报告，只要他认为有必要或有利：

（a）基于铁路安全目的；

（b）为了制定有关这些目的的法律。

（2）依据第（3）款，1974 年法案第 14 条应在第 4 条开始后继续适用于该调查，但是由卫生与安全委员会所完成或者指令完成的事情，应该由铁路监管办公室完成或指令完成。

（3）卫生与安全委员会在第 4 条开始前同意根据 1974 年法案第 14 条第 6 款（a）项或（c）项向任何人支付调查酬金或费用：

（a）委员会必须对第 4 条开始前商定的事项不断支付费用；

（b）第 4 条开始后的费用由铁路监管办公室支付。

（b）项不影响铁路监管办公室根据该条享有的权利，在第 4 条开始后，有权继续根据第 14 条第 6 款（b）项和（c）项支付其他的酬金或费用。

作为政府部门和其他公共机构代理人的铁路监管办公室

7. (1) 当部长认为他的法定职能或其他职能能够被铁路监管办公室在实现安全功能的同时得以良好施行时，他会和铁路监管办公室达成一致，由铁路办公室代表他进行施行。

(2) 当部长认为任何法定职能或其他职能：

(a) 一个政府部门，或

(b) 其他公共权力部门，

能够在铁路监管办公室在实现安全职能的同时得以有效施行，他会授权铁路监管办公室和某个部门，或者与铁路监管办公室达成协议，由铁路监管办公室代表某个部门或某个公权力部门。

(3) 本条的协议：

(a) 包括向铁路监管办公室支付用于履行其授权或要求履行协议的职能的款项；

(b) 不得授权或要求铁路监管办公室执行立法权或者其他具有立法性质的行为。

作为铁路监管办公室代理人的政府部门和其他公共机构

8. (1) 当铁路监管办公室认为它的任何安全职能能够被以下机构恰当执行时：

(a) 一个政府部门，

(b) 其他公共机构，

铁路监管办公室会和政府部门或其他公共机构达成协议，

由该政府部门或公共机构代表铁路监管办公室执行职能。

(2) 协议内容包括铁路监管办公室向该政府部门或公权力部门支付用于履行其授权或要求履行协议的职能的款项。

卫生与安全委员会对执业守则的限制

9. (1) 在1974年法案第16条第 (1) 款(执业守则关于某些规定的要求)中,用下面第1A条中提到的规定或法律替代第2至7条或者卫生与安全条例或者任何现行的法律规定。

(2) 在该款之后插入:

"(1A) 这些规定和法律是:

(a) 上述第2至7条;

(b) 卫生与安全条例,除非根据《2005年铁路法》第三章第1条第 (3) 款的规定作出关于运输系统的专门规定;

(c) 现行的法律规定并非产生于《1993年铁路法》第117条第4款。"

和卫生与安全委员会的合作

10. (1) 以下应是铁路监管办公室和卫生与安全委员会的职责:

(a) 在本条生效后,在切实可行的范围内,尽快彼此安排,以确保与执行安全功能有关的合作和交流信息;

(b) 维持及不时检讨这些安排;

(c) 适当的时候进行修订。

(2) 在第 (1) 款中,"安全功能"指卫生与安全委员会、健康和安全执行、铁路监管办公室的安全职能。

（3）在 1974 年法案第 18 条第 5 款（b）项（根据卫生与安全委员会的指令强制公权力部门进行执行的义务）中，在开头插入"除非该机关是铁路监管办公室"。

1974 年法案第 27 条对应的信息权

11.（1）为实现其安全职能，铁路监管办公室可以根据本款向任何人下达通知以获取其需要的信息。

（2）根据本款发出的通知要求该人服务：

（a）向铁路监管办公室提供通知中要求提供的信息；

（b）按照指定的形式和方式。

（3）根据本款下发通知须经部长的许可。

（4）第 3 款提到的许可包括关于指定说明的一般同意。

（5）《1947 年贸易统计法》（c.39）没有解释为防止或惩罚披露的内阁大臣或政府部门：

（a）铁路监管办公室；

（b）铁路监管办公室的成员、领导或雇员，或

（c）铁路监管办公室设立的委员会。

（6）有关企业的信息在本条中有：

（a）企业运营者的姓名和地址；

（b）企业经营的性质；

（c）在企业中工作的人按照不同分类进行的人数汇总；

（d）企业经营活动的地址、地点；

（e）企业活动的性质；

（f）现有或曾经的雇员按照不同分类进行的人数汇总。

143

(7) 任何根据第 5 款授权对外披露的人不得运用该信息，除非铁路监管办公室为了安全功能的实现。

(8) 这是一种违法行为：

(a) 违反根据本款下发的通知的要求；

(b) 违反第 7 款的规定使用信息。

(9) 有第 8 款行为的人需负刑事责任：

(a) 依照简易程序定罪，罚款不超过法定最高限额。

(b) 依照普通程序定罪：

(i) 在违反通知要求的罪行的情况下，罚款；

(ii) 违反第 7 款而使用信息的罪行，刑期不超过两年或罚款，或两者同时适用。

(10) 1974 年法案第 52 条（"工作"和相关表达）适用本条，因为其适用该法第一章。

铁路安全税收

12. (1) 1974 年法案第 43A 条（铁路安全税收）作出如下修正。

(2) 在第 (2) 款（有关征税产生的费用）中，用下列 (a) 项和 (b) 项替代原本的 (a) 项和 (b) 项：

"(a) 就铁路监管办公室根据本法或根据《2005 年铁路法》附录 3 所进行的活动；或

(b) 铁路监管办公室根据其他任何成文法进行的在第 1 条第 (3) 款中提到与运输系统有关的活动。"

(3) 在第 (5)、第 (6) 款中，用"铁路监管办公室"替代

"委员会或部门"。

（4）在第（9）款中，用"根据《2005 年铁路法》附录 3 第 1 条第（3）款"替代"《1993 年铁路法》第 117 条适用于"。

和卫生与安全委员会协商铁路安全规程要求的废除

13.（1）在 1974 年法案第 50 条（和卫生与安全委员会的协商）第（1）款之后插入：

"（1A）第（1）款并不适用于规程制定权力的行使，只要是行使：

（a）实施铁路监管办公室根据《2005 年铁路法》附录 3 第 2 条第（5）款规定提交的建议（不管有无改动）；或

（b）其他属于或与铁路安全有关的。"

《2001 年监管改革法》

14. 为保证《2001 年监管改革法》第 1 条（为实现法律条文修改而增加负担的权力）的实施，本附录上述规定的效力将被忽略，无论 1974 年法案的任何条文是否属于该条第（4）款（a）项的规定（在前两年由法案修订的条文）。

解释

15.（1）本附录中：

"1974 年法案"是指《1974 年职业卫生与安全委员会法》（c.37）；

"铁路安全目的"和第 1 条中的含义相同。

（2）在本附录中提到的铁路监管办公室的安全职能是指：

（a）本附录中提到的职能；

(b) 1974 年法案中提到的职能;

(c) 为铁路安全目的而履行的其他职能。

(3) 在 1974 年法案第 53 条第（1）款（第一章的解释）中，在"禁止通知"的定义之后插入:

"'铁路安全目的'和《2005 年铁路法》附录 3 中的含义相同;"。

附录 4

铁路监管办公室对准入费用和许可证条件的审查

前言

1.《1993 年铁路法》附录第 4A 条（铁路监管办公室对准入费用的审查）作如下修订。

准入费用审查

2. 用下列内容替代第 1 条（也即准入费用的审查）:

"附录的适用

1. 本附录适用于准入协议存在或视为存在之时，铁路监管办公室对协议条款的内容进行审查以确定:

(a) 一方向另一方支付的协议金额;

(b) 支付这些款项的时间和方式。

审查的范围

1A.（1）铁路监管办公室在对准入费用审查的同时，需对连接许可证的情况进行审查:

(a) 与第 1 条（a）项（b）款有关的事项;

(b) 与铁路监管办公室根据第 1D 条提供信息相关的事项。

（2）铁路监管办公室应审查下列内容：

（a）根据第 1 条（a）项（b）款达成的协议条款，

（b）连接许可证的条件，

在本附录中可被称为准入费用审查。

（3）准入费用审查需考虑：

（a）下次准入费用审查的时间，该时间既要考虑到讨论中的准入协议，又要考虑到连接许可证；

（b）具备恰当的时机进行审查。

（4）本章中与准入协议有关的'连接许可证'是指下列人持有的许可证：

（a）作为协议一方的设备所有者或安装者；或

（b）其他在铁路设施上拥有财产或权益的人，或依据协议进行网络安装的人或有权越过它的人。

对要求进行审查的回应

1B. 当：

（a）国务大臣或苏格兰部长建议铁路监管办公室进行准入费用审查，但

（b）铁路监管办公室不打算执行该建议时，

铁路监管办公室必须就不进行准入费用审查的原因作出解释。

准入费用审查的通知

1C.（1）在进行准入费用审查之前，铁路监管办公室必须将其审查建议通知下述人员：

（a）国务大臣；

（b）苏格兰部长；

（c）财政部；

（d）有关准入协议的各方；

（e）其他铁路监管办公室认为恰当的人。

（2）出现下列情况时，无需根据第（1）款的要求通知国务大臣或苏格兰部长：

（a）有关协议涉及的设施都在苏格兰境内时，无需通知国务大臣；或者

（b）有关协议涉及的设施都在英格兰或威尔士境内时，无需通知苏格兰部长。

（3）出现下述情况时，则必须发出通知：

（a）铁路监管办公室审查的期间（审查期间）；

（b）国务大臣和苏格兰部长或他们中间的某个人（视具体情况而定）根据第1D条提供信息的日期；

（c）如果审查结束时铁路监管办公室要继续进行审查的条件。

（4）根据第3款（a）项，确立期间的条件必须：

（a）从铁路监管办公室预期的时间开始，即认为根据审查带来的改变能够得到切实的执行时；

（b）结束时间为：基于相同的协议和牌照，通过下次的审查带来的改变能够得到切实的执行时（在没有特殊情况下，提前作出适当的审查）。

（5）根据第（3）款（b）项发出通知后，确定的时间不能少于以下时间：

（a）在铁路监管办公室满意且情况紧急的情况下，四周；

（b）其他情况下，三个月。

（6）根据第（3）款（b）项发出通知后，确定的时间如果少于三个月的，铁路监管办公室必须通知每一个之前接到通知的人。

在期望输出量和资金方面对铁路监管办公室的通知义务

1D. （1）凡根据第1C条对部长发出通知，他必须向铁路监管办公室提供：

（a）关于他在审查期间想通过铁路活动实现的目标方面的信息；

（b）这种信息对他来讲是合理的，为了有助于（直接或间接）达成他想要的，在审核期提供有效或者看起来变得有效应用的公共财政资源。

（2）第1C条下的通知是给苏格兰部长的（是否替代或者也给国务大臣），他们必须提供给铁路监管办公室：

（a）在审核期关于他们想要苏格兰铁路活动完成什么的信息；

（b）这种信息对他们来讲是合理的，为了有助于（直接或间接）达成他们想要的，在审核期提供有效或者看起来变得有效应用的公共财政资源。

（3）提供属于第（1）款（a）项或第（2）款（a）项的信

息，包括在参与铁路活动过程中要完成的目标或标准。

(4) 这些目标或标准可能包括，特别是关于以下任意事项的目标或标准：

(a) 网络容量（依据火车的类型和数量）；

(b) 铁路乘客服务的频率；

(c) 行车时间；

(d) 铁路服务的可靠性（依据正点和其他）；

(e) 阻止或缓解过度拥挤采取的措施；

(f) 票价等级和类型；

(g) 提供给乘客信息的质量；

(h) 对残疾人士提供铁路服务的可达性；

(i) 改进铁路服务的重大项目的执行；

(j) 由于铁路运行导致危险的人员保护。

(5) 在一种也需要苏格兰部长提供信息的情况中，需要国务大臣提供的信息不包括：

(a) 任何关于他想要由苏格兰铁路活动完成的与跨界服务无关的信息；或者

(b) 关于任何公共财政资源目前看起来能够有效或者很可能变得有效应用于只和那些活动有关系目标的信息。

(6) 在本条中提供信息的国务大臣或苏格兰部长的一项职责：

(a) 在第 1C 条给出的通告中的日期开始之前，或者在第 (7) 款下确定的更迟的时间开始之前必须解雇；但是

(b) 可以由涉及铁路监管办公室的在本条之前提供的信息的通告解雇。

(7) 铁路监管办公室可以在任何时候，通过通知每一个人第 1C 条给出的通告，为这条下的信息条款确定一个更迟的时间。

(8) 既不是:

(a) 国务大臣，也不是;

(b) 苏格兰部长

在铁路监管办公室因为第 1C 条第（3）款（c）项设定的一个实际的或者预期的条件失败而作出不再继续审核的决定之后，基于在任何时间审核的目的，可被要求提供信息。

(9) 本条中的'铁路活动'意味着活动包括或者包含以下任何一种:

(a) 提供铁路服务;

(b) 制造可用的铁路设施;

(c) 使用此类设施;

(d) 使用铁路资产;

(e) 允许他人使用此类资产。

(10) 本条中的'苏格兰铁路活动'意味着铁路活动只与以下相关:

(a) 始于和终于苏格兰的铁路服务;

(b) 涉及由苏格兰部长提供财政帮助的铁路服务以及始于和终于苏格兰的铁路服务[不属于（a）项];

(c) 位于苏格兰的铁路设施；或

(d) 位于苏格兰的铁路资产。

(11) 本条中的'公共财政资源'意味着以下任何一种:

(a) 统一基金征收和应纳的资金；

(b) 议会提供的资金；

(c) 苏格兰统一基金应纳的资金。

关于未来审核的建议

1E. 国务大臣或者苏格兰部长在根据第 1D 条给铁路监管办公室提供信息的同时，他或者他们也应该对办公室陈述他的或他们的观点并提出建议，关于:

(a) 涉及讨论中的准入协议和每一个链接许可，什么时候应该开始下次准入费用审核；

(b) 在那个时间前适应开始审核的环境。

输出和财政信息的修正

1F. (1) 在准入费用审核进程中的任何时间，如果在铁路监管办公室看来:

(a) 在第 1D 条中国务大臣或者苏格兰部长提供的信息，或者

(b) 国务大臣或者苏格兰部长提供的全部信息

显示了有效或者很可能变得有效的公共财政资源将不能充分保障他或者他们，或者他们所有人想要达到的成绩，办公室必须因此通知国务大臣或者苏格兰部长或者他们每个人（视情况）。

（2）铁路监管办公室必须发送给财政部第（1）款下的每一份通知的副本。

（3）根据第（1）款的提示，国务大臣或者苏格兰部长或者他们每个人（视情况）：

（a）可以修改提供给铁路监管办公室的任何信息，以及第1E条中的任何建议；

（b）如果信息或者建议作了修改，必须把修改通知办公室。

（4）当依照第（1）款通知国务大臣或者苏格兰部长时，第（3）款中的任意一个通告必须说明是在什么时期由铁路监管办公室规定的。

（5）在本条铁路监管办公室已经给出通告的地方，还要求给出进一步的通告，或者任何对它的修订，只要：

（a）针对之前的通告已经作了修订；

（b）关于信息的早期修订，之前还没有给出通告。

对铁路服务固定供应商利益可能不利的影响的通告

1G.（1）在准入费用审核进程中的任何时间，如果在铁路监管办公室看来，审核的执行将负面地影响提供铁路乘客服务的人员的利益或者通过铁路货物运输提供服务的人员的利益，铁路监管办公室需因此通知：

（a）国务大臣，在第1C条下的一个审核通告已经给他的情况下；

（b）苏格兰部长，在那条下的审核通告已经给他们的情况下。

(2) 在铁路监管办公室给出在第(1)款下涉及和作为当事人的设备商的准入协议审核的通告的地方，通告必须包括：

(a) 作为审核执行的结果，为了满足在讨论中的准入协议下其出现的义务或者他作为当事人的任何其他准入协议下其出现的义务，设备商可能被要求采取的措施的评估；

(b) 采取这些措施的供应商的花费估计。

(3) 在第(1)款通知下，国务大臣或者苏格兰部长或者他们每个人（视情况）：

(a) 可以向铁路监管办公室修改第1D条下提供的任何信息，以及第1E条下所作的任何建议；

(b) 如果修改了信息或者建议，必须通知铁路监管办公室所作的修改。

(4) 在依据第(1)款通知国务大臣或者苏格兰部长时，在第(3)款下的任何通告必须说明是在什么时期由铁路监管办公室规定的。

(5) 在本条铁路监管办公室已经给出通告的地方，还要求给出进一步的通告，只要：

(a) 针对通告，提供给它的信息已经修改；

(b) 关于信息的早期修改，之前还没有给出通告。

关于要求输出量和财政信息的责任等

1H. (1) 铁路监管办公室必须进行准入费用审核，采用的是最有可能保证审核的执行将促使最好和最可行的贡献的方式，以达到：

（a）总的来说，通过在英格兰的铁路活动国务大臣想要达成的；

（b）通过苏格兰铁路活动苏格兰部长想要达成的。

（2）在准入费用审核的情况下，在铁路监管办公室考虑（不和第 1F 条或第 1G 条的任何通告或者修改相悖）有效或者很可能变得有效的公共财政资源将不足以保证达成的地方，情况可能是：

（a）国务大臣想要达成的每件事；

（b）苏格兰部长想要达成的每件事；或者

（c）国务大臣和苏格兰部长想要达成的每件事。

为了审核，铁路监管办公室将要决定想要达成事情的多少应该使用（只用于可能应用的目的）有效的或者很可能有效的公共财政资源。

（3）在进行准入费用审核时，铁路监管办公室必须注意设备商承诺的影响，他们作为准入协议当事人讨论任一条款：

（a）协议的；或者

（b）设备商作为当事人的其他任何准入协议，这和第 1G 条（特别是包括要求设备商支付补偿款或者采取缓和措施的条款）通知的事情相关。

（4）考虑到第 1A 条第（3）款提到的事情，铁路监管办公室必须考虑第 1E 条作出的任意一条建议，以及针对建议的任何修订。

（5）基于本段的目的：

（a）在本条和第 1D 条中使用的表达具有相同的含义；

（b）国务大臣和苏格兰部长想要的，在每种情况下必须依据第 1D 条所示的情况和第 1F 条第（3）款（b）项或者第 1G 条第（3）款（b）项通知的任何修改作出决定；

（c）在考虑可能使最好和最可行的贡献达成国务大臣和苏格兰部长所想的时候，铁路监管办公室必须考虑所提供和修改的财政信息。"

第 3 条的废除

3. 第 3 条（用于考虑何时进行下一次审核）废止。

执行公告

4.（1）在第 4 条（审核公告）第（2）款之后插入：

"（2A）在给出审核公告前，公告用于连接执照指定修正的，执照用于连接保护：

（a）国务大臣已经通知铁路监管办公室他想要通过铁路活动达到什么，或者

（b）苏格兰部长已经通知铁路监管办公室他们想要通过铁路活动达到什么，

铁路监管办公室必须咨询国务大臣或者（视情况）苏格兰部长。"

（2）在该条第（4）款（a）项之前插入：

"（za）如果已经给国务大臣第 1C 条审核公告，国务大臣；

（zb）如果已经给苏格兰部长第 1C 条审核公告，苏格兰部长；

（zc）财政部；"

终止公告

5. 在第 6 条第（3）款（终止公告服务）（a）项之前插入：

"（za）如果已经给国务大臣第 1C 条审核公告，国务大臣；

（zb）如果已经给苏格兰部长第 1C 条审核公告，苏格兰部长；"

异议后的新审核公告

6. 在第 8 条（新审核公告和竞争委员会参考）第（4）款之后插入：

"（4A）第 1H 条应用于铁路监管办公室作出的在本条中什么应该包括在新审核通告中的任何决定，同样应用于准入费用审核的进行中。"

提供给竞争委员会参考的信息

7.（1）在第 9 条（竞争委员会）第（6）款之后插入：

"（6A）本条中的竞争委员会的必须伴有：

（a）在第 1D 条由国务大臣或者苏格兰部长提供给铁路监管办公室的在讨论中的任何信息；

（b）在免除由第 1D 条施加的义务时其参考的任何信息；

（c）在第 1E 条中那种情况下的任何建议；

（d）任何属于在第 1F 条和第 1G 条中已经通知铁路监管办

公室的（a）项和（c）项的任何修改。"

（2）在第（7）款中"竞争委员会"一词第二次出现的位置，插入"[除了在第（6A）款提到的信息和修改]"。

（3）在该条第（8）款中，用"款"替代"第（6A）款和"。

（4）在该条第（9）款（在评估公共利益时考虑的事务）中，在末尾插入"对在第（6A）款提到的信息、建议和修改"。

在竞争委员会报告后提议的相关更改的公告

8.（1）在第12条（报告后的更改）第（4）款之后，插入：

"（4A）在本条（在考虑适当地作出和没有撤销的任何一个代表和异议后）中铁路监管办公室提出作出相关更改的地方，必须给相关该机关出示公告：

（a）在关于提议更改的第（5）款中，开始在公告里将包括的每一件事情；

（b）指定一个时期，在这个时期内，根据提议，国务大臣、苏格兰部长或者他们中的任何一个具有修改第1D条中任一信息的机会。

（4B）在公告指定的时期内通知铁路监管办公室的信息的任何修改，如果办公室决定修改其建议，必须：

（a）在第（3）款给出关于修改建议的新的公告；

（b）再次遵守第（4A）款和在把修正建议的公告送给竞争委员会之前的款。

（4C）第（4A）款中的'相关该机关'是指：

（a）在第 1C 条给国务大臣评审公告的地方，指国务大臣；

（b）在第 1C 条给苏格兰部长评审公告的地方，指苏格兰部长；

（c）每一种情况，指财政部。”

（2）在第（5）款中，在"撤销"之后插入"并且在第（4A）款指定的时期内通知的在第 1D 条中信息的任何修改。"

（3）在那一款之后插入：

"（5A）根据第（5）款的规定，在最新公告确定的期间结束之前，公告不能作出，这一期间由第（4A）款规定，是为使国务大臣、苏格兰部长或他们中的每个人有机会根据第 1D 条的规定信息修改而设定的。"

（4）在该条第（6）款（和公告一起发送给竞争委员会的信息）中，在末尾插入"在第（4A）款公告中指定时期内已经通知的第 1D 条所示信息的任何修改的副本"。

（5）在该条第（10）款中，将"给该机关"一词之前的部分替换为：

"（a）在第 1C 条已经送给国务大臣审核公告的地方，改为国务大臣；

（b）在该条已经送给苏格兰部长审核公告的位置，改为这些部长。"

竞争委员会决定的公告

9. 将第 14 条最后一款（竞争委员会作出相关变更的公告）替换为：

"(6) 在本条作出相关更改后，只要可行，竞争委员会必须发送关于这些更改的副本：

(a) 在第1C条发送给国务大臣审核公告的地方，给国务大臣；

(b) 在第1C条发送给苏格兰部长审核公告的地方，给苏格兰部长；

(c) 这些情况的每一种，给铁路监管办公室。"

提供给竞争委员会作出相关更改提议的信息

10. (1) 在第15条第（3）款（在第13条和第14条中提供给竞争委员会为了其职能的信息）中，在"竞争委员会"一词第二次出现之处后插入"[除了依据第12条第（5）和款第（6）款提供的信息]"。

(2) 在该条第（4）款中，用"任何信息"替换：

"(a) 第1D条提供信息的第12条第（6）款中已经给出公告的每一次修改；

(b) 所有信息"。

条款生效期

11. (1) 受限于第（2）款，在本条生效前，本条不应用于牵涉到的与铁路监管办公室已经在附录4A的第4条到《1993年铁路法》给出审核公告有关的任何审核。

(2) 在：

(a) 在任何情形下，铁路监管办公室在本条生效前给出审核公告，

（b）在那种情况下，在异议提出后（无论是先于还是后于生效期），铁路监管办公室正考虑在附录4A第6条到《1993年铁路法》是否给出新的审核公告或者在本条第（9）款下给竞争委员会作一个参考，

铁路监管办公室依赖其认为合适的、不是依据本条修改的那个条款，采取一个新的准入费用评估，就是立即发布新的审核公告或者给委员会提供参考。

附录5
根据第19条第（1）款建立的铁路乘客委员会
第一章　前言

1. 在本附录中：

"会计记录"包括所有的书籍、报纸和其他与铁路乘客委员会相关的记录：

（a）要求保留的账目；或者

（b）在这些账目中要处理的事务。

"财政年"是指：

（a）从铁路乘客委员会建立之日开始到下一年3月31日截止的时段；或者

（b）接下来的12个月、以3月31日为截止日的时段。

"成员"是指铁路乘客委员会的主席或者其他成员。

"RPC"表示根据第19条第（1）款建立的铁路乘客委员会。

第二章　成员和工作人员

成员的酬劳

2. (1) 铁路乘客委员会必须给每个成员发放酬劳，伦敦议会任命的人除外，其酬劳和福利根据委任状的相关规定和条件决定。

(2) 伦敦交通运输用户委员会需给由伦敦议会任命的成员发放酬劳，这部分成员的酬劳和福利根据委任状的相关规定和条件决定。

(3) 铁路乘客委员会需给成员发放酬劳，或者制定与成员酬劳有关的规定，伦敦议会任命的人除外，其酬劳和福利根据委任状的相关规定和条件决定。

(4) 伦敦交通运输用户委员会需给由伦敦议会任命的成员发放酬劳，或者制定与其酬劳有关的规定，这部分成员的酬劳和福利数额根据委任状的相关规定和条件决定。

(5) 如果：

(a) 某人不再是铁路乘客委员会的成员，

(b) 国务大臣认为，特殊的情况使得某个人获得补偿看上去是正确的，

则铁路乘客委员会需给由国务大臣认定的人员发放相应酬劳。

工作人员

3. 铁路乘客委员会可以依据相关规定和条件（包括关于酬劳的规定和条件）雇用人员。

4. (1) 铁路乘客委员会可以：

（a）支付其可以决定的或者已经是铁路乘客委员会雇员的津贴、福利或者退休金；

（b）根据津贴、福利或者退休金或涉及那些人的规定，作出其可以决定的支付；或者

（c）根据津贴、福利或者退休金或涉及那些人的规定，提供或维持那些计划（无论是否为捐献人），只要其可以决定。

（2）第（1）款提到的津贴、福利或者退休金包括因失业、薪水减少或降低补偿而获得的津贴、福利或者退休金。

5.（1）《1972年退休法》（c.11）第1条适用的人员应包括铁路乘客委员会的雇员。

（2）如果铁路乘客委员会的雇员：

（a）因铁路乘客委员会对其的雇用，成为《1972年退休法》第1条某个计划的参与者，

（b）成为铁路乘客委员会的一员，

首相可以决定，其作为铁路乘客委员会成员的服务和其作为铁路乘客委员会雇员参与某个计划的服务是同等的。

（3）铁路乘客委员会需在首相指示的时间向其支付酬劳，酬劳的数额由其根据第（1）款或第（2）款的规定，在议会依据《1972退休法》确定的数额范围内确定。

（4）首相可在一定程度上或根据认为适合的条件，授权铁路乘客委员会行使《1972年退休法》第1条所规定的职能，只要相关职能与铁路乘客委员会的雇员有关。

（5）如果其这样做，铁路乘客委员会可在一定程度上或根

据其可以决定的条件授权其履行相关职能，通过：

(a) 其提名的人员；或者

(b) 由此提名的雇员。

(6) 作为或不作为：

(a) 根据第（5）款规定获得提名的人员，或者

(b) 因此获得提名的雇员，

应被认定，只要属于其作为或不作为，或属于根据授权的、铁路乘客委员会或者与铁路乘客委员会相关的作为或不作为。

(7) 第（6）款不适用于：

(a) 针对提名人（或者其雇员）的刑事程序；或者

(b) 其与铁路乘客委员会之间有关其职能的协议。

第三章　财政

政府津贴

6.（1）国务大臣可以在其能够决定的数额范围内，给予铁路乘客委员会津贴。

（2）津贴的条款应是国务大臣能够决定的。

要求国务大臣就薪资给予的指导

7.（1）如果铁路乘客委员会要求就其支付总和进行详细说明的指导，国务大臣可以给予指导。

（2）在根据第（1）款规定给出指导之前，国务大臣必须咨询：

(a) 财政部；

(b) 铁路乘客委员会。

账目和审计

8. （1）铁路乘客委员会必须：

（a）保留合适的账目和合适的会计记录；

（b）针对每个财政年，准备账目清单。

（2）根据第（1）款（b）项的规定，准备的账目清单必须：

（a）给出关于铁路乘客委员会在谈及的财政年的收入和支出以及其事务陈述的真实和公平的观点；

（b）遵守国务大臣已经告知铁路乘客委员会的每项要求。

（3）根据第（2）款（b）项告知的要求可以包括，特别是关于：

（a）清单中包含的信息；

（b）信息呈现的方式；

（c）准备清单的方法和原则。

9. （1）与每个财政年有关的铁路乘客委员会的账目和其他账目的清单必须由审计官和审计长进行审计。

（2）审计官和审计长需发送给铁路乘客委员会第（1）款规定的审计账目的报告。

（3）铁路乘客委员会需发送给国务大臣：

（a）第（1）款规定的审计账目；

（b）审计员和审计长的报告。

（4）国务大臣需在议会前展示第（3）款规定的、送交其的相关文件。

第四章　财政框架和信息

财政架构

10. (1) 国务大臣:

(a) 必须准备,

(b) 不时修改,

被称为铁路乘客委员会 "财政架构" 的文件。

(2) 财政架构需详细说明规则和原则,作为铁路乘客委员会行使和履行其与下列事项有关的权利和义务的根据:

(a) 财政事务;

(b) 有关其雇员的事务。

(3) 铁路乘客委员会不得以与财政框架不一致的方式行使任何职权。

(4) 铁路乘客委员会参与交易的事实,构成或者涉嫌对第(3)款规定的违反,但不能使交易无效。

(5) 第(4)款规定用于铁路乘客委员会和任何人进行交易之时,查究该交易是否构成或涉嫌对第(3)款规定的违反。

年度报告

11. (1) 在每个财政年度结束后的尽可能快速的时间内,铁路乘客委员会必须作出该年的活动报告。

(2) 在编制年度报告时,铁路乘客委员会应尽可能从报告中排除:

(a) 有关个人事务的事项,在铁路乘客委员会看来,这些事项公布出来将会或可能会严重影响或有损于个人利益;

(b) 与某一特定组织的事务有关的事项(无论是法人还是

非法人），在铁路乘客委员会看来，这些事项公布出来将会或可能会严重影响或有损于该组织的利益。

（3）铁路乘客委员会必须将本条规定的年度报告呈送下列人员：

（a）国务大臣，

（b）苏格兰部长，

（c）威尔士国民议会。

（4）铁路乘客委员会也可以将财政年年度报告以其认为适当的方式发表。

（5）国务大臣需在议会前提交根据本条规定已送交其的财政年年度报告。

（6）苏格兰部长必须在议会前提交年度报告的副本，报告是本条已发送给他们的。

信息

12. 铁路乘客委员会必须给国务大臣关于其任何功能的任何事务的信息、建议和援助，如果：

（a）铁路乘客委员会认为这样做是适当的；或者

（b）国务大臣要求铁路乘客委员会这样做，以便和其功能执行相关联。

第五章　地位和补充权力

13. （1）铁路乘客委员会不能被认为是：

（a）作为王国的雇工和代理人；或

（b）享有王国的任何地位、豁免权或特权。

(2) 铁路乘客委员会的财产不被视为王国的财产或者被作为代表王国的利益。

补充权力

14.（1）铁路乘客委员会可以做任何事情，期似乎有可能促进履行其功能，或有利于或附带执行这些功能。

（2）铁路乘客委员会可以针对服务或设施收费，其提供或促使某人的要求生效以及除履行职责外要这样做。

第六章　程序

程序规则

15.（1）根据本条和第16条的规定，铁路乘客委员会可以自行规定其程序。

（2）第（1）款包括针对法定人数预作安排的权力。

（3）当主席召集时，铁路乘客委员会必须召开。

（4）主席在其认为合适时可以召集 RPC 的会议。

（5）主席必须：

（a）召集铁路乘客委员会的会议以便满足一年两次的要求；

（b）当三名铁路乘客委员会的成员要求其这样做时召集一次会议。

（6）铁路乘客委员会必须保证：

（a）在铁路乘客委员会的每次会议中保存会议纪要；并且

（b）发送给国务大臣这些纪要的副本。

（7）议事程序的有效性不受下列事项的影响：

（a）成员的缺席；或者

（b）在任命成员时的瑕疵。

公众参与会议

16. （1）铁路乘客委员会的会议必须向公众开放；但是在对本条来说是机密的任何商业条款中，公众必须排除在外。

（2）一项对本条的目的来说是机密的商业条款，如果在那条条款规定的期间内公众成员准备出席，看起来经由：

（a）铁路监管办公室，或者

（b）国务大臣，

秘密提供给铁路乘客委员会的信息将因违反保密责任而被泄露。

（3）一项对本条的目的来说是机密的商业条款，铁路乘客委员会已经解决了的地方：

（a）因为条款的保密属性，或者

（b）在决议中陈述的其他特殊原因，

在那条条款中公众被排除在外的公众利益是可取的。

（4）一项对本条的目的来说是机密的商业条款，在那条条款规定的期间内如果公众成员将出席，那么看起来：

（a）将向他们披露关于个人事件或者特别关于特别团体事件的事务（无论是法人还是非法人团体）；并且

（b）对事务的公开披露，在 RPC 看来，会或者可能会严重地并且不公平地影响个人或团体的利益。

（5）一项对本条的目的来说是机密的商业条款，情况是：

（a）国务大臣作出的命令为本条的目的特别指定的；或者

（b）依据作出的命令对这些目的决定保密。

（6）第（5）款的命令服从于否决决议程序。

17. 铁路乘客委员会必须给出这种公告：

（1）铁路乘客委员会向公众开放的任何会议，以及

（2）在会议中要采取的交易（不是公众被排除在外的条款），

因为其认为基于使会议引起公众感兴趣人员的注意这一目的是合适的。

地方委员会

18.（1）如果国务大臣这样指导，铁路乘客委员会必须成立委员会以便建议其在特殊领域的功能执行。

（2）根据本条成立的委员会的成员，由铁路乘客委员会指派。

（3）铁路乘客委员会可以任命其认为合适的人选，委员会的会员可以包含或含有不属于铁路乘客委员会的人员。

（4）铁路乘客委员会可以规定本条所建立委员会的程序。

（5）铁路乘客委员会可以报销不属于铁路乘客委员会但属于本条所建立委员会的一名成员的花费：

（a）旅行费用；

（b）与薪酬损失无关的其他自付费用。

文件的执行

19.（1）铁路乘客委员会印章的应用应该得到一名铁路乘客

委员会成员或者雇员的签名认定，该成员或雇员已经就此目的
得到授权（无论是一般的还是特别的）。

（2）根据任何成文规定服务，制定或颁布的铁路乘客委员
会已授权或要求的任何文件可由代表其利益的成员或雇员签
署，该成员或雇员已经就此目的得到授权（无论是一般的还是特
别的）。

（3）每一份文件看来:

（a）代表铁路乘客委员会利益而制定或颁布的法律文件，
并且.

（b）在铁路乘客委员会的保证下立即执行，或者基于目的
由铁路乘客委员会授权的人立即签署或者执行，

应该无条件地接受，并且，除非显示了矛盾，否则不需要进
一步证明此制定或者颁布的处理。

（4）在本条中，对签名的引用包括对任何进程产生的签名
的传真的引用并将要据此解释"已签名"。

（5）在本条中，"法律"包括包含在苏格兰议会法案中的
法律。

附录6
伦敦交通运输用户委员会保留的职能

代表伦敦铁路地区服务客户的伦敦交通运输用户委员会
成员

1. 在《1999 年大伦敦政府法》（c. 29）第 247 条第（3）款
（b）项（在特殊地区伦敦交通运输用户委员会成员被委任代表

铁路客户）中，从单词"哪个区域"向前替换"为了那部分的第
（4）款特别指定的目的，委员会被认为是铁路乘客委员会的区
域，在《1993 年铁路法》的第 2 条废除之前。"

伦敦交通运输用户委员会保持审查铁路事务的一般义务

2. 在该法第 253 条中插入：

"252A. 委员会保持审查铁路事务

（1）应该是委员会的义务，只要对它来说这样做每次都是
便利的：

（a）保持审查影响有关铁路乘客服务的公共利益的事务，
这些铁路乘客服务全部或部分由伦敦铁路地区提供。

（b）保持审查影响那个地区车站服务提供的事务。

（c）陈述或者咨询那些人员，因为其认为关于（a）项和
（b）项提及的事务是恰当的。

（d）和代表由那些地区全部或者部分提供的公共乘客运输
服务客户利益的团体合作。

（2）在该条中：

（a）提及的伦敦铁路地区是指基于那部分的第（4）款特别
指定的目的，委员会被认为是铁路乘客委员会的地区，在《1993
年铁路法》（铁路乘客委员会）第 2 条废除之前；

（b）提及的铁路乘客服务包括公交替代服务；

（c）除此之外，在本章和《1993 年铁路法》第一章使用的
表述具有相同的意义。"

伦敦交通运输用户委员会调查事务的义务

3. 在那份法案、在本附录的第 2 条中插入的第 252A 条后，插入：

"252B. 提及的有关铁路的委员会

（1）调查与铁路事务相关的任何事务应该是委员会的义务，如果：

（a）它是由铁路乘客委员会的用户或者潜在用户给委员会制定的代表性题目；

（b）由国务大臣、铁路监管办公室、铁路乘客委员会、伦敦议会或者是伦敦运输所涉及的委员会；或者

（c）在委员会看来它是其应该去调查的事务。

（2）基于第（1）款的目的，一件事务之所以是一件与铁路相关的事务，只要它：

（a）铁路乘客服务的供给全部或者部分地在伦敦铁路地区；或者

（b）在那个地区的车站服务供给处在某种情况下，车站的操作员获得了《1993 年铁路法》第一章的证书授权。

（3）仅基于要求委员会准备相应报告的目的，国务大臣也可以向委员会提出以下的事务：

（a）涉及全部或者部分在伦敦铁路地区提供的铁路乘客服务质量的事务；

（b）涉及那个地区提供的车站服务质量的事务。

（4）委员会也必须在国务大臣可能要求的程度和方式上协助其确定特许经营者在特定的特许经营协议的情况下，是否能

达到为特许服务供给设定的标准。

（5）委员会没必要调查第（1）款（a）项范围内的事务，如果委员会认为该陈述是无价值的或者无理取闹的。

（6）第252A条第（2）款的规定适用于本条。

252C. 第252B条的调查行动

（1）在调查一件第252B条下的事务时，委员会如果它认为这样做合适，则必须：

（a）在每一种情况下，对提供服务的人员作出适当陈述；

（b）在某人，且不是特许经营人，根据专营权协议提供服务的情况下，向特许经营人作出适当陈述；

（c）在担保服务（在《2005年铁路法》第四章含义的范围内）的情况下，向国务大臣作出适当陈述。

（2）第（1）款中的'适当陈述'表示：

（a）在委员会看来和调查主题有关的任何事务；

（b）看起来相关的任何其他事务。

（3）除了第（4）款外，当委员会有：

（a）根据第（1）款已经作出陈述，具有通过那种方法不能得到满意的解决方案或观点，

（b）在进行事务调查时，有理由相信在《1993年铁路法》第一章下，执照的持有者正在违反或者可能违反执照的条件，或者

（c）在进行事务调查时，有理由相信具有特许经营协议的特许经营者正在违反或者可能违反协议的规定，

的地方，委员会必须向国务大臣提及这些事务（或者如果他向委员会提及，退回给他）并给出意见，只要他认为在那种情形的环境下合适，他就可以执行其权力。

（4）第（3）款不应用于第（2）款下已经向国务大臣作了陈述的这种情况。

（5）如果国务大臣认为第（3）款下委员会向他提及的事务向铁路监管办公室提及更合适，其必须：

（a）向铁路监管办公室提及它，或者

（b）如果它由铁路监管办公室向委员会提交，将其返回给铁路监管办公室，

给出意见，只要办公室认为在那种情形的环境下合适，它可以执行其权力。

（6）委员会不能：

（a）包含在本条作出的陈述下采取任何步骤的建议，或者

（b）只有以某人采取某步失败的理由，在本条下向国务大臣作一份参照，

除非满足第（7）款的测试。

（7）测试是满足的，如果基于委员会得到的信息是有效的，它考虑针对其他的而平衡以下几点：

（a）采取这些步骤的花费，

（b）采取这些步骤后个人获得的利益，

所涉及的支出代表良好的货币价值。

（8）在本部分中，‘特定经营协议’和‘特定经营者’具有

和《1993 年铁路法》中相同词组同样的含义。

252D. 调查报告等

（1）在第 252B 条委员会调查事务的地方：

（a）它可以准备一份显示其调查结果的报告，

（b）它必须这样做：如果国务大臣依据在第 252B 条第（3）款范围内的任何事务要求其这么做，这是基于那个需求的目的由他给它的。

（2）在本部分的范围内，委员会必须不能在其准备的报告里提出包括一个采取任何步骤的建议，除非基于它获得的有效信息，它考虑针对其他的而平衡以下几点：

（a）采取这些步骤的花费，

（b）采取这些步骤后个人获得的利益，

所涉及的支出代表良好的货币价值。

（3）委员会：

（a）必须向铁路乘客委员会发送一份在本部分范围内准备的每个报告的副本；并且

（b）可能出版该报告；

但是该委员会可能出版一份关于国务大臣提交给委员会的事务的调查结果的报告，只要在本部分范围内他要求它这样做。

（4）在这些地方：

（a）委员会准备一份国务大臣提交给它的事务的报告，但是

（b）这份报告不是国务大臣在第（1）款（b）项所要求的

报告，

委员会必须发表这份报告如果国务大臣要求它这么做。

（5）国务大臣可以安排委员会编写的任何报告的发表，报告的准备在第（1）款（b）项中已作了要求。

（6）委员会或者国务大臣编写的报告的发表，可以用委员会或者国务大臣认为适当的任何方式。

（7）在本部分中，由国务大臣向委员会提交的事务的参考，包括在第252B条第（4）款范围内涉及他要求委员会协助的事务的参考。"

国务大臣从伦敦交通运输用户委员会义务中移除事务的权力

4.（1）在那个法案、在本附录第3条插入的第252D条之后插入：

"252E. 在第252A到252D条范围内免除义务的权力

（1）国务大臣可以命令：

（a）从第252A到252D条承担的一个或者多个义务中移除服务；

（b）提供一个或多个这些义务应用于特殊种类或者描述的服务、特殊的人员提供的特殊服务或者服务仅仅拓展到命令中指定的程度；

（c）在这种特殊种类或者描述的服务、特殊的人员提供的特殊服务或者服务的情形下，提供一种或者多种义务应用于指定的修改。

（2）在根据该条作出一项命令之前，国务大臣必须咨询委员会和铁路乘客委员会。

（3）在本部分范围内通过命令作出移除的权力包括：

（a）移除特殊种类或者描述的服务、特殊的人员提供的特殊服务或者服务的权力；

（b）提供符合特定条件而不包含其中的服务的权力。

（4）根据本条作出的命令不能撤销除外规定，除非：

（a）违反某条件；或者

（b）依据发布它的命令。"

（2）在该法案第 420 条第（8）款（受消极解决程序约束的命令）中的"第 242 条第（10）款"之后插入：

"第 252E 条；"。

铁路乘客委员会对伦敦交通运输用户委员会事务应负的义务

5. 在《1993 年铁路法》第 76 条（铁路乘客委员会的义务）第（2）款之后插入：

"（2A）如果在第（2）款（a）项范围内的事务对铁路乘客委员会来说，只和以下有关：

（a）整个伦敦铁路地区铁路乘客服务的条款（在《1999 年大伦敦政府法》第 252A 条含义范围内），或者

（b）那个地区车站服务的条款，

委员会必须把事务交伦敦运输乘客委员会处理。"

附录 7

关于第四章的协商机制

前言

1. 根据本附录，关于方案的协商：

(1) 应当按照如下方式启动；

(2) 在此之后应依据终止指引执行。

报纸公告

2. (1) 负责开展协商工作的人应根据本条规定，连续两个星期发布公告：

(a) 在受方案影响地区的当地报纸上；

(b) 在两家的国家级报纸上。

(2) 公告应载明下列内容：

(a) 方案时间；

(b) 该方案的其他详情；

(c) 下列地点：

(i) 初步评估，

(ii) 该评估结论的概要，

以便于监督，或者从该处获得评估和概要；

(d) 评估和概要需要支付的费用；

(e) 在公告指定期间内给协商工作执行人送交方案陈述的声明。

(3) 如果适用第 23 条、第 24 条、第 27 条、第 28 条、第 30 条或第 31 条对所提出的方案进行协商，时间须在以第 (1) 款规定的方式在当地报纸上最后发布公告日的六个月以后。

（4）第（2）款（e）项指定的期限应当距离以第（1）款规定的方式在当地报纸上发布的最后公告日不少于十二周。

对特定人的具体通知

3.（1）负责执行协商工作的人应当：

（a）向下述第（2）款规定的每个人（除了其本人）送交根据第 2 条规定发布的公告和初步评估结论；

（b）以其认为适当的方式，向其认为合适的其他人（如果有的话）咨询。

（2）这些人是：

（a）就第 22 条第（7）款（a）项、第 25 条第（6）款（a）项、第 26 条第（7）款（a）项或第 29 条第（7）款（a）项的方案进行协商时，是指提出该讨论方案的人；

（b）就：

（i）第 24 条第（4）款（b）项，

（ii）第 27 条第（3）款（b）项，

（iii）第 28 条第（3）款（b）项，

（iv）第 30 条第（3）款（b）项，或

（v）第 31 条第（3）款（b）项的方案进行协商时，

指的是该规定中的国家机关；

（c）如果方案影响威尔士，指的是威尔士国民议会；

（d）如果方案影响大伦敦，指的是伦敦市市长；

（e）受该方案影响区域的每位旅客运输执行官；

（f）受该方案影响的人所居住、工作或学习区域的地方机关；

（g）铁路乘客委员会；

（h）如果方案影响该地区，则指伦敦交通运输用户委员会；

（i）国务大臣根据本附录命令所委任的、代表铁路旅客利益的人；

（J）铁路资金管理局认为，执行协商工作的人作为财务安排协议当事人受到或者可能受到方案影响时，指的是铁路资金管理局；

（k）认为方案影响协商工作开展的铁路服务提供者；

（l）受方案影响的、提供车站相关服务的人。

（3）负责执行协商工作的人需确保受方案影响地区的车站经营者将其依第（1）款规定所收到的公告，在其车站进行展示，直到过渡期结束。

（4）根据第（2）款（i）项所发布的命令不得违反消极解决程序。

（5）就第25条规定的协商而言，第（2）款的适用不包括（J）项。

（6）本条中的"地方机关"：

（a）在英国和威尔士，指的是县议会或者县自治委员会，以及没有县议会地区的社区委员会或理事会；

（b）在苏格兰，其与《1973 年当地政府法（苏格兰）》

(c.65)中规定的含义相同。

附录的解释

4. 本附录中的"初步评估"是指根据第 22 条第（5）款、第 23 条第（5）款、第 24 条第（6）款、第 25 条第（4）款、第 26 条第（5）款、第 27 条第（5）款、第 28 条第（5）款、第 29 条第（5）款、第 30 条第（5）款或第 31 条第（5）款的规定，开展的有关方案的评估。

5. 本附录与方案有关的"受影响的地区"指的是：

（1）就终止某条线路的铁路客运服务或者从某个车站终止铁路客运服务而言，是指该线路或者车站所在地区；

（2）就路网或者部分路网而言，是指该路网或者部分路网所在地区；

（3）就车站而言，是指车站或者车站的部分服务的地区。

6.（1）根据第 2 条第（1）款（b）项的规定，用于发布方案的报纸，在下列情况下，应被视为全国性的报纸：

（a）其是在英国广为流传的报纸；或

（b）该方案涉及的服务、路网、车站，或者路网或车站的一部分：

（i）全部在英国，

（ii）全部在威尔士，或

（iii）全部在苏格兰，

是指在英国、威尔士或苏格兰（根据具体情况而定）广为流传的报纸。

（2）就本条而言，如果铁路服务的起点和终点都在英国、威尔士或苏格兰（根据具体情况而定），没有超出预定范围之外，那么该服务就完全在英国、威尔士或苏格兰运行。

附录 8
伦敦专有服务终止方案

前言

1.（1）本附录适用于提供服务的人（"服务运营者"）提出在对某条线路或者车站终止伦敦专有服务的方案，以及与伦敦专有服务方案相关的专有服务特别程序。

（2）本附录中的"伦敦专有服务"和"专有服务特别程序"的含义同本法第 25 条中的规定。

方案的公告

2.（1）服务运营者：

（a）需以方案要求的方式发布公告；

（b）在公告指定的、向伦敦交通运输用户委员会提出反对意见的期限结束之前，不得停止服务。

（2）公告需载明：

（a）方案日期；

（b）与方案有关的其他详情；

（c）其他可行的替代服务详情；

（d）服务业经营者提供或增加替代性服务的方案；

（e）在方案规定的日期当天或之前向伦敦交通运输用户委员会提交的反对声明。

（3）从以第（4）款规定的方式在当地报纸上最后一次公告日起算，方案规定的时间不得少于六周。

（4）根据本条规定，需要发布公告的，应连续两个星期以规定的方式：

（a）在受方案影响的地区传播的地方报纸上；

（b）在两份通常在英国（或在英格兰和英国的任何部分）传播的报纸上；

（c）以发布者认为合适的其他方式。

（5）依据本条规定，服务经营者需将发布的每项公告呈送：

（a）伦敦交通运输用户委员会；

（b）受该方案影响的地区内的每一个车站运营者；

而且要求每一个车站运营者在其车站运营区域内发布并展示公告。

（6）本条中的受方案影响的区域的证明文件，是指第1条第（1）款所指的线路和车站所在区域内的证明文件。

反对意见等

3.（1）根据第2条的规定发布公告之后，下列人员可向伦敦交通运输用户委员会提出反对意见：

（a）方案所涉及服务的任何用户；或

（b）代表这类用户的人。

（2）反对意见只能在公告指定的期限内作出。

审议反对意见并向伦敦市市长报告

4.（1）本条适用于根据第 3 条作出的任何反对意见。

（2）伦敦交通运输用户委员会需立即将反对意见通知：

（a）伦敦市市长，和

（b）服务运营者。

（3）只有伦敦市市长同意，服务运营者才可以使终止方案生效。

（4）在向伦敦交通运输用户委员会提出反对意见的期限结束之后，该委员会应尽快：

（a）审议在该期间提出的反对意见；

（b）审议服务经营者作出的任何陈述；

（c）向伦敦市市长报告委员会认为的终止方案将会导致的困境。

（5）如果伦敦交通运输用户委员会决定：

（a）听取反对者的口头意见，或

（b）听取服务经营者的口头陈述，

需公开举行听证会。

（6）根据本条规定提交给伦敦市市长的报告，可包括缓解其困境的建议。

（7）在收到该报告后，伦敦市市长可以要求伦敦交通运输用户委员会进一步提交关于终止建议的报告。

（8）伦敦交通运输用户委员会需根据本条规定，向服务运营者送交其所作出的每份报告或进一步的报告。

市长同意终止

5.（1）在之后：

（a）接收：

（i）第4条第（4）款要求的来自伦敦交通运输用户委员会的报告，

（ii）根据该条规定伦敦交通运输用户委员会所作的进一步报告；

（b）第（2）款所要求执行的协商；

伦敦市市长需决定是否同意方案中的终止。

（2）如果建议终止的服务在大伦敦以外的任何地区，伦敦市市长需在决定是否同意终止方案之前，征求每个地区机关的意见。

（3）在提出反对决定之后，伦敦市市长可作出没有收到报告或者进一步报告的决定，如果：

（a）其已经以其认为合适的方式作了调查，

（b）其认为不合理地拖延了该报告或进一步的报告。

（4）伦敦市市长可以在他认为合适的情况下，作出同意决定。

（5）伦敦市市长可随时更改或撤销所要遵守的时间条件。

（6）若伦敦市市长同意了方案中的终止，其需：

（a）向受该终止方案影响的地区车站的每一个运营者发送他的决定；

（b）要求该运营者将之在车站公告展示。

（7）本条中关于受终止方案影响区域的证明文件，是指第1

条第（1）款中规定的线路或车站所在区域的证明文件。

（8）本条中的"地区机关"是指县议会，在没有县议会的地区是指社区委员会或地区议会。

附录 9
铁路运营商制定的细则

前言

1.（1）在本附录中：

与细则相关的"适当的国家机关"是指：

（a）若细则提到相关资产均为为苏格兰资产，是指苏格兰部长；

（b）若资产并非全部属于苏格兰，或者部分用于苏格兰而部分用于其他地方，指的是国务大臣和苏格兰部长；

（c）在其他情况下，指国务大臣。

"细则"是指第 46 条规定的细则。

"铁路运营商"与该条中的含义相同。

（2）第（1）款中"苏格兰资产"是指：

（a）永久位于苏格兰的资产；或者

（b）只在苏格兰使用的资产。

（3）细则中涉及的国务大臣和苏格兰部长均为适当的国家机构：

（a）根据本附录相关细则的规定，需由适当的国家机构承担的任何工作都必须由其联合行动，共同完成；

（b）根据本附录相关细则的规定，可以由适当的国家机构

承担的任何工作只可由其联合行动,共同完成;

(c) 遵照本附录相关细则的规定,在需要呈送适当的国家机构某物之时,只能呈送国务大臣和苏格兰部长。

处罚

2. 对违反细则、构成犯罪或者需承担责任的人,可根据细则规定按简易程序处罚,罚款不超过:

(a) 标准等级的 3 级; 或

(b) 细则中规定的较低金额。

核准

3. 细则经适当的国家机构核准方可生效。

4. (1) 提议细则方案的铁路运营商,需发布公告说明:

(a) 提出制定细则的建议;

(b) 制定细则的建议书采用的公开查阅方式;

(c) 任何受细则提议影响的人可在公告规定的期限内,向适当的国家机构提出陈述意见。

(2) 公告需以适当的国家机构认可的方式进行公示。

(3) 第 (1) 款 (c) 项所指定的期限,是从铁路运营商的公告发布之日起的二十八天或更长的时间。

(4) 在指定的期限结束之时,适当的国家机构需向铁路经营者提交其所作的陈述意见。

(5) 铁路经营者不得核准细则,除非其已经充分考虑适当的国家机构提交的陈述意见。

5. (1) 适当的国家机构可以:

（a）核准任何提交其核准的细则（修改或未修改过）；或

（b）拒绝核准这些细则。

（2）适当的国家机构可以确定任何其所核准细则的生效日期。

（3）如果适当的国家机构没有确定细则的生效日期，这些细则从其核准之日起二十八天后开始生效。

已核准细则的公布

6. 如果适当的国家机构已核准细则：

（a）需印制细则；

（b）至少有一份需保存在制定细则的铁路运营者的主要办事机构；

（c）铁路经营者需向合适的国家主管部门呈送；

（d）铁路经营者需向每个申领一份或多份的人免费提供。

证据

7.（1）细则的印制过程得到下列证明的支持：

（a）阐述了第（2）款规定的一个或多个事项，

（b）由意在制定该细则的铁路运营者的官员签署，

可作为阐述的证据。

（2）这些事项是：

（a）讨论的细则是由铁路运营者制定的；

（b）该副本是细则的真实副本；

（c）有关的细则在证明确定的日期由适当的国家机构确认；

(d) 本细则生效之日。

修订或修改的权力

8.（1）制定细则的权力包括修订或废除细则的权力。

（2）适当的国家机构可以通过发布命令的方式撤销细则。

附录 10

关于转让计划的税务条款

第一章　根据第 1 条第（2）款向国家主管部门转让的计划

附录第一章中"相关转让"的含义

1. 本附录该章中的"相关转让"，是指依据第 1 条第（2）款制定的方案向国家主管部门进行的转让。

投资优惠扣除（资本免税额）：厂房或机器处置价值的确定

2.（1）本条适用于根据 2001 年法案第二章（设备和机械的投资优惠扣除）处置厂房或机器的相关转让。

（2）对适用该法第 61 条的转让人而言，厂房或机器的处置价值可视为：

（a）如果转让人因转让的对价或者补偿收到了一笔资金，则数额就等于该笔金额；或

（b）如果没有收到这笔款项，则为零。

（3）就本条而言，与转让人相关的人收到款项视为转让人收到。

（4）不包括 2001 年法案第 88 条（低价销售）。

（5）本条依据的是 2001 年法案第 63 条第（5）款和第 68 条的规定。

投资优惠扣除（资本免税额）：固定财产处置价值的确定

3.（1）本条适用于相关转让，如果：

（a）其是符合 2001 年法案第二章的处置项目；

（b）根据该法第 188 条的规定，因转让而被视为不再拥有固定资产的人。

（2）对适用该法第 196 条的有关转让而言，固定资产处置价值将被视为：

（a）如果转让人基于转让收到了一笔作为对价或补偿的资金，则该笔金额中等同于资产价值数额的部分是指，如果资产被处置的人有权获得免征税收入，其根据该法第二章的规定对固定资产的支出；或

（b）如果没有收到这笔款项，则为零。

（3）就本条而言，与转让人相关的人收到款项视为转让人收到。

（4）本条受 2001 年法案第 63 条第（5）款制约。

投资优惠扣除（资本免税额）：工业建筑物等价值的确定

4.（1）本条适用于根据 2001 年法案第三章的规定和与之相关的其他规定，涉及工业建筑物或构筑物的有关权益的相关转让。

（2）转让应视为出售有关权益。

（3）该项出售的纯收入应视为：

（a）如果转让人以转让的对价或者补偿的方式收到了一笔资金，则数额就等于该笔金额；或

（b）如果没有收到这笔款项，则为零。

（4）2001年法案第567条至570条（替代金额销售）的规定不对该销售产生效力。

（5）就本条而言，与转让人相关的人收到款项视为转让人收到。

应税所得：无损益处置的资产

5. 就1992年法案而言，资产的相关转让被当作为得到对价而向受让人处置资产，因为其担保转让人在处置中既不增益也没有损失。

无形资产转让的连续性

6. （1）就《2002年财政法》（c.23）附录29而言，转让人应税无形资产的相关转让应被视为中性税收转让。

（2）本条和上述附录中所使用词语的含义相同。

转让对借贷关系和派生合同的中性作用

7. 相关转让既不需要也不允许借贷，转让人应考虑：

（a）符合《1996年财政法》（c.8）第四部分第二章（借贷关系）的规定；或

（b）符合《2002年财政法》附录26（派生合同）的规定。

租赁的资产

8. （1）就税法第781条（租给贸易商和其他人的资产）的规定而言，本条适用于下列情形：

（a）出租人或承租人依租约所享有的权益或其他财产利益是根据相关转让被转让的；或

（b）根据附录 2 第 3 条或者第 4 条的规定，依第 1 条第
（2）款制定的方案，出让给国家机关的一个租约，或者租约中
的其他利益。

（2）忽略该法第 783 条第（4）款的规定，应认为在该转让
或者授权过程中，转让人或者授权人没有因利益或者租赁获得
任何资金。

（3）本条和该法第 781 条至 785 条所使用词语的含义
相同。

第二章　根据第 1 条第（2）款的其他转让方案

附录第二部分中"相关转让"的含义

9. 附录本部分中的"相关转让"，是依第 1 条第（2）款的
规定制定的方案向国家机关之外的人进行的转让。

关于转让交易的损益计算

10.（1）本条适用于根据第 1 条第（2）款所作出的计划而
进行交易或部分交易的人（"前任"）：

（a）前任停止进行该交易或该交易的一部分；

（b）非国家机关（"继任者"）开始接手该交易或其中的
一部分。

（2）在该计划生效及随后的时间里，前任和继任者对相关
交易利润或亏损的计算：

（a）交易或部分交易在开始的时候被视为一个独立的交
易，从其被视为独立交易开始，始终由继任者实施；

（b）继任者自方案实施之后所进行的交易，被视为与根据

上述（a）项规定在之前已经作为独立交易进行的交易是相同的。

（3）根据本条规定，如果交易或者部分交易作为一个独立的交易，则根据相关交易的损益计算来决定这些收入、支出、资产和负债的分配可能是公平合理的。

（4）本条受本附录第 12、18 条的制约。

（5）本条中的"相关交易损益"是指根据附录 D 案例 I 关于上述交易或部分交易的利润或损失。

交易损失：所有权的变化

11.（1）本条适用于一个公司（"被转让公司"）所有已发行股本的相关转让。

（2）就税法第 768 条和第 768 D 条而言，转让不导致所有权的变化：

（a）被转让公司；或

（b）转让生效时，被转让公司的全资子公司。

投资优惠扣除（资本免税额）：交易的整体转让

12.（1）本条适用于根据第 1 条第（2）款所作出计划而进行交易的人（"前任"）：

（a）前任停止继续进行该交易；

（b）非国家主管部门（"继任者"）开始进行该交易。

（2）就 2001 年法案所规定的收入和费用而言，交易不应被视为永久性终止，亦不应建立新的交易；但本条第（3）款和第（4）款的适用除外。

（3）根据 2001 年法案，只要前任继续进行交易，所有这些收入和费用应由其决定，否则由继任者作出。

（4）这些收入和费用的金额可以予以计算，只要：

（a）继任者自前任开始交易时就已经着手；并且

（b）前任所做的一切已经被继任者接受，或者前任接受了继任者所做的一切；

但是，根据转让方案，就交易而言，只要是转让涉及使用中的资产，就不得收费。

投资优惠扣除（资本免税额）：部分交易的转让

13.（1）若根据第 1 条第（2）款所作出的计划而进行交易的人（"前任"）：

（a）前任停止进行交易，

（b）非国家主管部门（"继任者"）开始进行交易活动，通过继任者进行的部分交易，

当时，根据第 12 条，继任者所进行的部分交易被视为一个独立的交易。

（2）若根据第 1 条第（2）款所作出的计划而进行交易的人（"前任"）：

（a）前任停止进行交易中的一部分，

（b）非国家主管部门开始进行该交易的部分活动，

当时，根据第 12 条和本条第（1）款，前任所进行的该部分交易被视为一个独立的交易。

（3）根据本条规定，如果活动视为一个独立的交易，根据

2001 年法案来决定这些收入、支出、资产和负债的分配可能是公平合理的。

投资优惠扣除（资本免税额）：厂房或机器的转让

14.（1）本款适用于：

（a）厂房或机器的相关转让；

（b）本附录第 12 条不适用的相关转让；

（C）根据 2001 年法案的规定，厂房或机器将被视为转让方在转让生效时向受让人处置的；

（d）转让方案规定，厂房或机器的处置价值应依法由方案指定或决定一个金额。

（2）就 2001 年法案而言：

（a）在第（1）款（d）项中所提及的规定[而不是根据该法第 61 条第（2）至（4）款、第 72 条第（3）至（5）款、第 88 条、第 171 条、第 196 条或者 423 条]将适用于对厂房或机器的处置价值定价或固定设备的价格被视为出售价格；

（b）受让人应视为已存在资金支出，该笔金额是在转让生效时和生效之后为受让人的使用提供厂房或机器而产生的；

（c）财产将归于受让人是由于受让人产生的该支出；

（d）就固定设备而言，根据该法第 181 条第（1）款和第 182 条第（1）款的规定，由受让人承担的支出将被视为在该笔资金总额中给出的对价。

（3）第（1）款（d）项中提及的关于金额决定的规定，可包括涉及下列决定的条款：

（a）由国务大臣以方案所描述的方式作出；

（b）由描述事实或表达对描述人意见的证人作出；

（c）能够（在一个或多个场合）以所描述的方式和情况被修改。

（4）根据第（1）款（d）项中所提到的规定，财政部应对决定作出或修改提出意见。

（5）根据第（1）款（d）项中所提到的规定，受让人应对决定的修改提供意见。

（6）如果根据第（1）款（d）项中所提到的规定，有一个决定或决定修改，所有必要的调整：

（a）需通过评估、偿还或免税作出；

（b）不管在进行评估的时间内有任何限制，均需作出。

（7）本条和 2001 年法案第二章所使用词语的含义相同。

投资优惠扣除（资本免税额）：工业建筑物等价值的决定

15.（1）本条适用于根据 2001 年法案第三章的规定和与之相关的其他规定，涉及工业建筑物或构筑物有关权益的相关转让。

（2）该法第 573 条的规定对上述转让不产生效力。

应税所得：无损益处置的资产

16. 就 1992 年法案而言，资产的相关转让被当作为得到对价而向受让人处置资产，因为其确保了转让人在处置中既不增益也没有损失。

无形资产转让的连续性

17. （1）就《2002 年财政法》（c.23）附录 29 而言：

（a）转让人应税无形资产的相关转让应被视为中性税收型转让；

（b）无形固定资产是转让人在转让时的现有资产，其在转让时和转让后将被视为受让人手中的现有资产。

（2）本条和上述附录中所用词语的含义相同。

借贷关系的连续性

18. （1）就《1996 年财政法》（c.8）第四部分第二章（借贷关系）对相关转让的适用而言，受让人和转让人在转让时被视为同一个团体中的成员。

（2）在第（1）款中，作为同一团队成员的说明需按照该法附录 9 第 12 条第（8）款的规定来解释。

派生合同的连续性

19. （1）就《2002 年财政法》附录 26（派生合同）对相关转让的适用而言，受让人和转让人在转让时被视为同一个团体中的成员。

（2）在第（1）款中，作为同一团队成员的说明需按照该附录第 28 条第（6）款的规定来解释。

租赁资产

20. （1）就税法第 781 条（租给交易商和其他人的资产）的规定而言，本条适用于下列情形：

（a）出租人或承租人依租约所享有的权益或其他的财产利益是根据一个相关转让被转让的；或

（b）一个租约，或者租约中的其他利益，根据附录 2 第 3 条或者第 4 条的规定，被出让给依第 1 条第（2）款制定的方案中除国家机关之外的人。

（2）不考虑该法第 783 条第（4）款的规定，该让渡被视为在出让人对于该租约及其利益不获得任何资金收入的情况下作出的。

（3）就依租约转移权益而言，只要出让人根据租约向受让人收取了租金，就视为在转让生效前依租赁合同的约定收取的。

（4）本条和该法第 781 条至 785 条所使用词语的含义相同。

第三章　根据第 12 条制定的转让方案

附录第三章中"相关转让"的含义

21. 附录本部分中的"相关转让"是指根据第 12 条制定的方案并按照该方案进行的转让。

投资优惠扣除（资本免税额）：厂房或机器处置价值的确定

22.（1）本条适用于根据 2001 年法案第二章（设备和机械的投资优惠扣除）处置厂房或机器的相关转让。

（2）对适用该法第 61 条的转让人而言，厂房或机器的处置价值可视为：

（a）如果转让人因转让的对价或者补偿收到了一笔资金，则数额就等于该笔金额；或

（b）如果没有收到这笔款项，则为零。

（3）就本条而言，与转让人相关的人收到款项视为转让人

收到。

（4）不包括 2001 年法案第 88 条（低价销售）。

（5）本条依据的是 2001 法案第 63 条第（5）款和第 68 条的规定。

投资优惠扣除（资本免税额）：固定财产处置价值的确定

23.（1）本条适用于相关转让，如果：

（a）它是一个符合 2001 年法案第二章的处置项目；

（b）根据该法第 188 条的规定，因转让而被视为不再拥有固定资产的人。

（2）对适用该法第 196 条的有关转让而言，固定资产处置价值将被视为：

（a）如果转让人因转让的对价或者补偿收到了一笔资金，则该笔金额中等同于资产价值数额的那一部分是指（或者，如果资产被处置的人有权获得免征税收入），他根据该法第二章的规定对固定资产的支出；或

（b）如果没有收到这笔款项，则为零。

（3）就本条而言，与转让人相关的人收到款项视为转让人收到。

（4）本条是依据 2001 法案第 63 条第（5）款规定的。

投资优惠扣除（资本免税额）：工业建筑物等价值的确定

24.（1）本条适用于根据 2001 年法案第三章的规定和与之相关的其他规定，涉及工业建筑物或构筑物的有关权益的相关转让。

（2）转让应视为出售有关权益。

（3）关于转让人该项出售的纯收入应视为：

（a）如果转让人以转让的对价或者补偿的方式收到了一笔资金，则数额就等于该笔金额；或

（b）如果没有收到该笔款项，则为零。

（4）2001 年法案第 567 条至 570 条（替代金额销售）的规定不对该销售产生效力。

（5）就本条而言，与转让人相关的人收到款项视为转让人收到。

应税所得：非市场决定价值的处置

25.（1）1992 年法案第 17 条（由市场决定价值的处置与收购）不生效，当其涉及：

（a）由相关转让组成的处置办法或者依本法第 12 条所制定的方案，符合本法附录 2 第 3 条或者第 4 条规定的处置办法，或

（b）由处置人收购。

（2）但第（1）款不适用于：

（a）如果处置人与收购人相联系；或

（b）在处置所依据的方案条款符合附录 2 第 3 条或者第 4 条规定的情况下，如果处置人不是转让人或者受让人。

（3）如果第（1）款适用于资产处置，则处置应采取（与处置人有关，也与收购人有关）：

（a）在对价是由收购人以金钱或金钱等值方式给予，或是代表资产归属其的情况下，对价等于该对价的数额或者价值；或

（b）在没有对价的情况下，对价为零。

应税所得：失去集团资格的费用

26.（1）本条适用于下列情形，如果一个公司（"失去集团资格的公司"）：

（a）从另一个公司获得资产是在两者均为同一集团公司（"旧集团"）成员的时候；

（b）因为相关转让而终止了在旧集团的成员资格。

（2）1992 年法案第 179 条（集团成员资格终止的公司）的规定并不认为失去集团资格的公司通过转让来出售和迅速回购资产。

（3）若第（2）款适用于资产，则 1992 年法案第 179 条将对失去集团资格的公司在集团公司（"新集团"）的成员资格第一次终止及之后的场合有效，只要：

（a）失去集团资格的公司，和

（b）收购资产的公司，

在收购时已经成为新集团的成员。

（4）如果在不考虑预备交易的情况下，一个公司根据 1992 年法案第 179 条（与本款相应的）的规定被视为通过相关转让终止了在集团公司的成员资格，就认为其是根据上述规定、因相关转让而非因任何预备交易而被终止的。

（5）本条中的"预备交易"，是指为了启动、推进或促进上述相关转让，根据或依靠《1993 年铁路法》，或本法所做的一切交易。

（6）本条中所用词语与 1992 年法案第 179 条规定的含义相同。

应税所得：债务处置

27．（1）如果转让人（除本条之外）是根据 1992 年法案第 251 条（债务处置）规定的债权债务关系中的原债权人，则本条适用于转让人负有债务的相关转让。

（2）如果受让人（而非转让人）是符合上述规定的原债权人，则 1992 年法案有效。

借贷关系

28．（1）若相关转让造成了受让人取代转让人成为借贷关系的一方当事人的结果，则《1996 年财政法》（第八章）附录第 11 条的规定不生效。

（2）本条和《1996 年财政法》第四部分第二章所使用词语的含义相同。

第四章　有关转让的其他规定

印花税

29．（1）下列不应被课以印花税：

（a）根据本法第 1 条第（2）款作出的方案；或

（b）国务大臣为该方案或者以与该方案相关的目的向税务局局长所作的证明文书。

（2）如果由于第（1）款的规定对方案或文书不征收印花税，则相关方案或文书将被视为已正当征税，除非：

（a）根据《1891 年印花税法》（c. 39）第 12 条的规定，若

其已加盖印花税印章，则要么无需纳税，要么已经妥为征收；或者

（b）其不适用第（1）款的规定，应当征税。

（3）"文书"在本条中的含义与《1891 年印花税法》中的含义相同。

土地印花税

30.（1）根据第 1 条第（2）款所作的方案进行的转让不负缴纳土地印花税的义务。

（2）根据本条的规定，须在土地交易收入或者土地交易收入的纠正中主张免除。

（3）第（2）款中"土地交易收入"的含义规定于《2003 年财政法》（c.14）第 76 条第（1）款之中。

应税所得：价值转移

31. 根据第 1 条第（2）款或者第 12 条制定的方案不可视为 1992 年法案第 30 条规定的方案或者措施。

集团免税

32. 国务大臣根据第 1 条第（2）款制定方案的权力以及国务大臣或苏格兰部长根据第 12 条制定方案的权力均不属于：

（a）符合税法第 410 条第（1）款或第（2）款（公司向其他集团或财团转让的措施）的措施；或

（b）根据附录 18 第 5B 条对该法选择的措施。

相应的修订

33. 在 1992 年法案第 35 条第（3）款（d）项（无损益处

置）（xv）之后插入：

"（xvi）《2005 年铁路法》附录 10 第 5 或 16 条。"

第五章　附录的解释

34.（1）在本附录中：

"1992 年法案"指《1992 年可征税收益法》（c. 12）。

"2001 年法案"指《2001 年资本折扣法》（c. 2）。

"国家机构"是指：

（a）国务大臣；

（b）苏格兰部长；

（c）威尔士国民议会；或

（d）铁路管理局。

"税法"指《1988 年公司所得税法》（第 1 号）。

"受让人"，在根据本法第 1 条第（2）款和第 12 条制定的方案进行的转让中指转入的人。

"转让人"，在根据本法第 1 条第（2）款和第 12 条制定的方案进行的转让中指转出的人。

（2）本附录所涉及的公司税，应与公司税法一并解释。

（3）本附录所涉及的资本优惠扣除（资本免税额），应与2001 年法案一并解释。

附录 11

对《1993 年铁路法》杂项的修订

介绍性条款

1.《1993 年铁路法》修订如下。

许可证的条件

2. 在第 9 条第（3）款（f）项（要求提供信息的条件）的"该章"之后插入"或者是《2005 年铁路法》第四章"。

准入协议

3. 在:

（a）第 17 条第（4）款（准入协议：要求设备所有者签订铁路设备使用合同的指示）中,

（b）第 19 条第（7）款（准入协议：路网装置使用合同）中,

在"该章"之后插入"或者是《2005 年铁路法》第四章（路网的变更及其他）"。

最后提供者的义务

4. 在第 30 条第（3）款（b）项（无特许权机关的义务）中:

（a）将"根据下述第 38 条第（5）款发出通知"替换为"根据《2005 年铁路法》第 24 条的规定适用的提议（废止特许或担保服务的提议）";

（b）将从"第（5）款和第（6）款"到结尾的内容替换为"该条第（7）款和第（8）款终止于该条第（5）款（a）项（ii）所规定的特定提议日期；或者"。

不履行法定义务的责任免除

5. 在第 50 条第（1）款（不履行法定义务的责任免除）中,将"该机关"替换为"只要国务大臣和苏格兰部长"。

专营权职能的行使

6. (1) 在第 54 条（专营权职能的行使）第（1）款中：

(a) 将"该机关、旅客客运管理局或旅客客运管理局行政长官"替换为"国务大臣和苏格兰部长"；

(b) 在（a）项的"任何的"之后插入"他的或"。

(2) 将该条第（2）款替换为：

"(2) 国务大臣和苏格兰部长均有权签署其许诺的协议以：

(a) 行使专营权职能；

(b) 阻止专营权职能的行使；或者

(c) 以特别的方式行使专营权职能。"

(3) 在该条第（3）款对"专营权职能"的所作定义的第一处：

(a) 将任何一处出现的"机关"替换为"国务大臣和苏格兰部长"；

(b) 将（a）项的"该机关的职能"替换为"国务大臣和苏格兰部长的职能"；

(c) 将该项的"35"替换为"31"；

(d) 将（b）项的"《2000 年交通运输法》附录 21"替换为"《2005 年铁路法》第 1 条第（2）款"；

同时删除对与旅客客运管理局及旅客客运行政长官有关的"专营权职能"的界定。

确保遵守命令

7. (1) 将第 55 条第 (9) 款（对确保遵守命令有关条款的解释）中的"第 50 条及上述"替换为"《2005 年铁路法》第 44 条（不履行法定义务的责任免除）"。

(2) 在该条第 (10) 款关于"最终命令"的定义中的"临时命令"之后插入"或者是根据第 (7B) 款作出的命令"。

(3) 在该款关于"相关条件或要求"的定义中，将"(c) 项和 (d) 项"替换为：

"(c) 第 (11) 款规定了受终止限制之人的义务；"。

(4) 将该款关于"相关经营者"的定义替换为：

"'相关经营者'是指：

(a) 许可证持有者；

(b) 专营权特许经营者；

(c) 作为专营权协议一方主体的专营权特许经营者；

(d) 受终止限制的人。"

(5) 在该条第 (11) 款中，将 (a) 项和 (b) 项替换为：

"此类人的义务包括：

(a) 依照《2005 年铁路法》第 22 条第 (8) 款、第 26 条第 (8) 款、第 29 条第 (8) 款和第 37 条第 (2) 款的规定，不能中止铁路旅客服务、试验性旅客服务及不能中止路网、车站或者路网与车站的一部分的运营和使用的义务；

(b) 遵守该法第 33 条第 (2) 款 (i) 项（经营者的终止要求）所设定的义务；

(c) 遵守该法第 34 条第 (5) 款（次要变更决定的条件）中

关于条件的规定对其设定的义务。"

(6) 在该款之后插入：

"（11A）上述第（10）款关于'合适的机关'的定义中提到与受苏格兰终止性限制的人有关的条件或要求中所指的条件或要求是指：

（a）在该款（c）项所作的定义范围之内；

（b）在终止的情况下实现或产生；

（c）实现或产生于苏格兰情形中；

与受苏格兰终止限制的人有关的条件或要求，这些条件或要求符合（a）项和（b）项，但不符合（c）项的规定。

（11B）第（11A）款中与终止相关的'苏格兰情形'是指：

（a）苏格兰部长作为国家权力机关执行《2005年铁路法》第四章与终止方案有关条款的情形；

（b）苏格兰部长根据该法第34条（次要变更）中与终止有关的规定作出裁决的情形；或者

（c）根据该法第37条（试验性旅客服务）及与只适用于苏格兰的服务有关的方案作出的终止告示的情形。"

8. 将第57F条第（1）款（罚款的有效性和生效）中的"罚款命令"替换为"罚款通知"。

国务大臣给予铁路管理公司的财政支持

9.（1）将第63条（给予铁路管理公司的财政支持）中的第（1）款（b）项替换为：

"（b）同意给予下列相关人员补偿：

(i) 因实施铁路管理中的命令而使债权受到损害的人;

(ii) 因上述情形遭受损失或损害的人。"

(2) 在该条第（2）款之后插入:

"（2A）国务大臣可以其认为合适的方式、期限和条件提供本条所涉及的补助金、贷款、补偿及担保。"

(3) 在第（3）款之后插入:

"（3A）本条所指的国务大臣同意给予相关人员补偿的权力:

(a) 限于同意给予作为相关人员而遭受债权损害、损失或损害的人补偿的权力;

(b) 包括同意给予后来成为相关人员补偿的权力（无论其在协议达成时是否已被认定或可被认定）。

(3B) 本条所指相关人员包括:

(a) 铁路管理者;

(b) 铁路管理者的雇员;

(c) 铁路管理者作为成员的公司的成员或雇员;

(d) 铁路管理者作为雇员的公司的成员或雇员;

(e) 在命令实施之时，铁路管理者作为成员或雇员的公司中的成员;

(f) 作为铁路管理者雇主的法人团体; 或者

(g) 上述法人团体的主管、雇员或成员。

(3C) 就该条而言:

(a) 该条中与铁路管理命令有关的铁路管理者是指为了实

现命令的两个或多个人;

（b）某人在特定的时间内作为一名成员或雇员承担了作为企业继承者责任的企业。"

（4）在该条第（4）款之后插入：

"（4A）国务大臣依照该条规定同意给予相关人员补偿之后，生效铁路管理命令涉及的公司应支付给其相应的数额：

（a）当时支付的补偿数额；

（b）根据当时的利率对欠款征收的利息。

（4B）应以国务大臣决定的时间和方式支付其依照第（4A）款所获得的款项。

（4C）第（4A）款的规定不适用于国务大臣给予因未生效的铁路管理命令而遭受债权损失的人员以补偿的情形。

（4D）依照第（4A）款支付的款项数额和根据第（4B）款作出的决定需要经过财政部的同意。"

铁路监管办公室保存的记录

10.（1）在第 72 条第（2）款（记录在案的事由）中：

（a）在（d）项（关于试验性旅客服务的通知）中，将"上述第 48 条"替换为"《2005 年铁路法》第四章"；

（b）将该款（i）～（iii）的内容替换为：

"（i）依照该法第 36 条进行的试验性服务；

（ii）依照该法第 37 条第（1）、第（2）款进行的终止试验性服务的通知；"

（c）在该项之后插入：

"(da) 与终止有关的条款:

(i) 由其发出每项批准或未批准的终止通知（《2005 年铁路法》第四章所规定）；

(ii) 由其强制规定每项终止要求；"

(2) 本条未要求对根据第 72 条保存的记录进行移除。

国务大臣保存的记录

11. (1) 在第 73 条第 (2) 款（记录在案的事由）中:

(a) 将 (da) 项（终止通知等）替换为:

"(da) 国务大臣依照《2005 年铁路法》第 34 条作出的次要变更终止决定；

(db) 国务大臣依照该条作出的与终止有关的撤销决定；

(dc) 依照第 (5) 款与国务大臣所作的有关决定达成的条件；"

(b) 在 (e) 项（最终或临时性命令）中，将"终止、建议终止、同意终止、终止条件"替换为"终止、建议终止、终止要求"。

(2) 本项和该法所废止的内容未要求对根据第 73 条保存的记录进行移除。

国务大臣向许可证所有者索要信息的用途

12. 在第 80 条第 (1) 款（许可证所有者按要求向国务大臣或苏格兰部长提供信息的义务）中，将"或者《2000 年交通运输法》"替换为"《2000 年交通运输法》或《2005 年铁路法》或其中其他与铁路服务相关的职能或活动"。

一般性解释

13. 在第 83 条第（1）款（对第一章的解释）中：

（a）在"适当的机构"的定义之后插入：

"'适当的命名机构'与上述第 23 条第（3）款中该词含义相同；

'适当的特许运营机构'与上述第 23 条第（3）款中该词含义相同；

'适当的国家机构'与上述第 56 条第（6）款（za）项中该词含义相同；"

（b）将"公交替代服务"的定义替换为：

"'公交替代服务'是指在陆路上全部或部分替代了那些中止、削减或更改的铁路客运的运输服务的服务。"

（c）将"终止"和"终止的条件"的定义替换为：

"'终止'与《2005 年铁路法》第四章（参见该法第 45 条）中该词含义相同；

'终止要求'是指根据该法第 33 条提出的要求；"。

欧盟规则下补贴和贷款的主管机关

14.（1）在第 136 条第（1）款（与铁路财务监管有关的主管机关）中，将"继续"替换为"和苏格兰部长各自"。

（2）在该条第（2）款（公共货物运输服务管理的主管机关）中，将"是"替换为"苏格兰部长和威尔士国民议会根据下述第（2A）款确定的范围各自"。

（3）在该款之后插入：

"（2A）威尔士国民议会是上述第（2）款规定的威尔士境内唯一的铁路货物运营主管机关。"

（4）在该条第（3）款（能胜任与客运服务有关的公共服务职能的主管机关）（a）项之后插入：

"（aa）苏格兰部长，

（ab）威尔士国民议会根据下述第（3A）款确定的范围；"。

（5）在该款之后插入：

"（3A）根据上述第（3）款，威尔士国民议会作为唯一的铁路客运服务主管机关，这些服务：

（a）是威尔士服务（在《2005 年铁路法》规定之中）；或

（b）依照国民大会作为一方订立的特许经营协议而提供。"

（6）在第（4）款（客运管理局行政长官作为主管机关的范围）中，将（a）项和（b）项替换为"根据《1968 年交通运输法》第 10 条第（1）款或《2005 年铁路法》第 13 条的规定，由行政长官在其权限内提供或保证"。

（7）第（6）款不会影响公共服务管理主管机关的范围，这些服务包括该法第 14 条第（2）款规定的、依照其行政长官作为一方订立的特许经营协议而由其提供的与铁路客运有关的服务。

制定法定文件的权力

15. 在第 143 条（制定法定文件的权力）中：

（a）在第（1）款中，将"根据本法制定的命令"替换为"或者是苏格兰部长根据本法制定命令（根据第 55 条制定临时性或最终命令的权力除外）"；

（b）在第（3）款中，将"制定命令"替换为"或者是苏格兰部长根据本法制定命令（根据第 55 条制定的临时性或最终命令除外）"；

（c）在第（4）款中，将"根据本法制定的命令"替换为"或者是苏格兰部长根据本法制定命令（根据第 55 条制定的临时性或最终命令除外）。"

泄露信息的限制

16.（1）在第 145 条第（2）款（根据《1993 年铁路法》获得披露的信息）中：

（a）在（a）项中：

（i）在"国务大臣"之后插入"苏格兰部长"；

（ii）将"或者《2000 年交通运输法》"替换为"《2000 年交通运输法》或《2005 年铁路法》"。

（b）在该项之后插入：

"（aa）以促进国务大臣、苏格兰部长或者具有与铁路服务有关的类似职能的官员工作；"。

（2）在该条第（5）款中，将"乘客理事会或乘客委员会"替换为"乘客理事会"。

附录 12

其他相应的次要修订

《1962 交通运输法》（c.46）

1.（1）《1962 年交通运输法》修改如下。

（2）在第 43 条（关于英国航道局与铁路战略管理局提供的服务、设施和征收费用的一般规定）中：

（a）在第（1）、第（2）、第（5）款中，删除"或铁路战略管理局"；

（b）在第（3）款中，删除"和铁路战略管理局"；

（c）在第（4）、第（6）款中，将从"两者都不"到"得"的内容替换为"英国航道局不得"。

（3）在第 56 条（运输咨询委员会）中：

（a）在第（4）款中：

（i）将"各铁路乘客委员会"替换为"伦敦交通运输用户委员会"；

（ii）在（a）（b）（c）项中，将每一处"铁路乘客委员会"都替代为"伦敦交通运输用户委员会"；

（iii）删除从"和复制"到结尾的内容。

（b）第（5）款废止。

（c）在第（6ZA）款中：

（i）删除"任何铁路乘客委员会"、"铁路乘客委员会和"；

（ii）在"铁路乘客委员会"后插入"及伦敦交通运输用户

委员会"。

（d）在第（6A）款中，将"铁路乘客委员会"替换为"每个铁路乘客委员会和伦敦交通运输用户委员会"。

（e）第（20）款废止。

《1968 年交通运输法》（c. 73）

2.（1）《1968 年交通运输法》修改如下。

（2）在第 55 条（运输咨询委员会）中，将"铁路乘客委员会"替换为"伦敦交通运输用户委员会"。

（3）在第 56 条第（2A）款（对与公共客运交通设施有关资本开支的财政资助）中，将从"战略"一词到"特许运营职能"的内容，替换为"承诺承担与铁路或铁路服务有关的职能的国家机关"。

（4）在该条第（2B）款中：

（a）删除"特许运营职能"的定义；

（b）在"相关的地方机关"的定义之前插入：

"国家机构指国务大臣、苏格兰部长或威尔士国民议会；"。

《1970 年长期病患者和残疾人士法》（c. 44）

3. 在《1970 年长期病患及残疾人士法》第 14 条第（1）款（杂项咨询委员会）中，将"铁路乘客委员会"替换为"或"。

《1971 年火灾预防法》（c. 40）

4. 在《1971 年火灾预防法》第 18 条中，将第（2）款"火警及救援该机关与健康和安全委员会作出安排的权力"替换为：

"（2）消防及救援该机关可于任何工作地点安排：

（a）其中合适的执法主体为铁路监管办公室与其办公室，

（b）如果该办公室不是适当的执法主体或唯一的执法主体，与卫生与安全委员会，

根据本法令规定，可以由代表该办公室或（视情况而定）卫生与安全执行机构的职权部门执行法案安排的职能。

（2A）这些安排可包括由火警和救援该机关就铁路监管办公室或卫生与安全执行机构履行有关职能所需的报酬。

（2B）在第（2）款中：

'适当的执法主体'就任何处所而言，指根据《1974年工作健康及安全等法》（c.37）第一章有关的规定，负责执行相关条款（该法第一章）的人；'工作处所'是指作为工作地方（该法第一章所指）的处所。"

《1972年退休金法》（c.11）

5. 在《1972年退休金法》附录1（与计划有关的雇用类别）中，在"其他主体"名单的适当地方插入：

"铁路乘客委员会"。

《1983年平交道口法》（c.16）

6.（1）《1983年平交道口法》第1条修订如下。

（2）在该条第（6A）款中（如果卫生与安全执行机构向运营人书面通知其提出请求，则平交道口经营人有向国务大臣提出请求的义务），将"卫生与安全执行机构"替换为"铁路监管办公室"。

（3）在该条第（10B）款（国务大臣考虑健康和安全委员会所提供或代表意见的义务）中，将"卫生与安全委员会"替换为"铁路监管办公室"。

《1984年电信法》（c.12）

7. 在《1984年电信法》（关于信息披露的一般限制）第101条第（3）款结尾处插入：

"（r）《2005年铁路法》"。

《1985年交通运输法》（c.67）

8. 在《1985年交通运输法》（当地公交服务）第6条第（1）款中，从"和"开始到结尾的文字代以"铁路服务暂时中断之处，由国务大臣、苏格兰部长或威尔士国民议会根据《2005年铁路法》第40条（铁路中断或停止服务时提供的替代性服务）的规定进入。"

《1986年机场法》（c.31）

9. 在《1986年机场法》第74条第（3）款（信息披露的限制）结尾处插入：

"《2005年铁路法》"。

《1991年水工业法》（c.56）

10. 在《1991年水工业法》附录15（信息披露）中第二章（可对其进行披露的成文法等）结尾处插入：

"《2005年铁路法》"。

《1991年水资源法》（c.57）

11. 在《1991年水资源法》附录24（信息披露）中第二章

（可对其进行披露的成文法等）结尾处插入：

"《2005 年铁路法》"。

《1994 年解除管制和外包法》（c. 40）

12.（1）《1994 年解除管制和外包法》第 37 条（某些健康和安全权力规定的废除）修改如下。

（2）在该条第（2）款中：

（a）将（a）项替换为：

"（a）在根据该款（a）项的规定废除或撤销《1993 年铁路法》第 117 条第（4）款条文的情况下，铁路监管办公室，

（aa）在符合《1994 年解除管制和外包法》第 37 条（a）项而不符合《1993 年铁路法》第 117 条第（4）款（a）项的情况下，卫生与安全委员会，

（ab）在根据《1994 年解除管制和外包法》第 37 条（b）项规定而废除，符合《2005 年铁路法》附录 3 第 1 条第（3）款中交通运输系统有关规定而制定的条款的情况下，铁路监管办公室，

（ac）在符合《1994 年解除管制和外包法》第 37 条（b）项而不符合《1993 年铁路法》第 117 条第（4）款（ab）项的情况下，卫生与安全委员会"；

（b）在（b）项之后，将"任何"替换为"所有"。

（3）在该条第（3）款和第（4）款中，将从"健康"一词首次出现之处至"爱尔兰"的内容替换为"所需的咨询对象"。

（4）在该条第（4）款之后，插入：

"（4A）在第（3）及（4）款中，'所需的咨询对象'指合适的机关根据第（2）款（a）项至（b）项而咨询的主体。"

《1996 年铁路遗产法》（c. 42）

13.（1）《1996 年铁路遗产法》修正如下。

（2）第 1 条（该法适用的主体）变为第 1 条第（1）款，并作如下修改：

（a）在（f）项中，将从"战略"至结尾的内容替换为"国务大臣"；

（b）在（g）项中，将"机关"替换为"国务大臣"。

（3）在该条中，在该款之后插入：

"（2）国务大臣可以通过法定文书发出命令来修改第（1）款，在本法适用的主体名单上增加主体或主体的说明。

（3）在根据第（2）款作出命令之前，国务大臣需咨询其认为会在该法生效后适用本法的主体。

（4）记载有根据第（2）款作出命令的法定文书，可根据国会的决议予以废除。"

（4）在第 2 条（法定委员会的设立）中：

（a）在第（2）款（a）项中，删除"该机构经批准"；

（b）在第（2）款（c）项中，将"要求该机构"替换为"向国务大臣"；

（c）在第（3）款中，将"该机构及其他"替换为"该"。

（5）在第 4 条第（6）款（b）项（不适用《2000 年交通运输法》第 4 条和第 5 条的转移计划）中，在 "《2000 年交通运输法》"之后插入"或《2005 年铁路法》"。

《1999 年大伦敦政府法》（c. 29）

14.（1）《1999 年大伦敦政府法》修正如下。

（2）在第 175 条（伦敦交通局与国务大臣合作）中：

（a）在第（1）款（a）项（ii）中，将从"其条文"到"《1993 年铁路法》"的内容替换为"由国务大臣提供或者代表国务大臣提供的担保服务（由《2005 年铁路法》第四章所规定）"；

（b）在第（3）款（b）项中，将"该法第 37 及 38 条"替换为"《2005 年铁路法》第 22 条至第 24 条"。

（3）在第 177 条第（1）款（b）项和第（2）款（额外客运服务和设施的提供）中，将"铁路战略管理局"替换为"国务大臣"。

（4）在第 179 条第（3）款（伦敦本地的公交服务）中，将从"铁路战略管理局"到"铁路服务"的内容替换为"国务大臣根据《2005 年铁路法》第 40 条所订立的（中断或停止铁路服务的替代性服务）"。

（5）在第 235 条第（2）款（b）项（为履行特定法定职能而披露信息限制的例外）中：

（a）删除"铁路战略管理局"；

（b）在结尾处插入"或《2005 年铁路法》"。

（6）在第 240 条第（2）款和第（7）款（伦敦有关机构的旅行优惠安排）中，将所有的"铁路战略管理局"都替换为"国务大臣"。

（7）在第 247 条第（2）款（与特别协调员协商关于伦敦交通运输用户委员会的任命）中，将"铁路战略管理局"替换成"国务大臣"。

（8）在第 250 条第（2）款（伦敦交通运输用户委员会为其提供年度报告之人）中，将"铁路战略管理局"替换为"国务大臣"。

（9）在附录 18 第 9 条、第 11 条和第 15 条（伦敦交通运输用户委员会与特别协调员的协商，伦敦交通运输用户委员会向特别协调员信息的提供）中，所有的"铁路战略管理局"都替换为"国务大臣"。

《2000 年邮政服务法》（c. 26）

15 在《2000 年邮政服务法》附录 7 第 3 条第（3）款（信息披露）中（gj）项之后插入：

"（gk）《2005 年铁路法》"。

《2000 年公用事业法》（c. 27）

16 在《2000 年公用事业法》第 105 条第（6）款（关于信息披露的一般性限制）中，在结尾处插入：

"（u）《2005 年铁路法》"。

《2000 年交通运输法》（c. 38）

17.（1）《2000 年交通运输法》修订如下。

（2）在第 137 条第（4）款（d）项（制定票务计划所需的通知）中，将"铁路战略管理局"替换为"国务大臣"。

(3) 在第 228 条（铁路乘客理事会及铁路乘客委员会职能的扩展）第（1）款中，将"第 76 及第 77 条"替换为"第 76 条"，并将"修订"替换为"修订"。①

(4) 在第 248 条第（1）款（替代服务适合残疾人士），将（b）项替代为：

"（b）这些服务的提供是由国务大臣、苏格兰部长或威尔士国民议会担保的。"

(5) 在该条第（2）款中，将"在这样做时，个人或机构"替换为"在提供或确保服务的提供时，提供服务的个人、国务大臣、苏格兰部长或威尔士国民议会"。

(6) 在该条第（3）款中：

（a）将"个人或机构"改为"个人"；

（b）删除"或者它"。

(7) 在附录 9（空中交通：信息）第 3 条第（3）款中，在（rc）项之后插入：

"（rd）《2005 年铁路法》；"。

(8) 在附录 25（无线电通信局对国务大臣财产的转让）第 12 条之后插入：

"与外国财产有关的义务

12A（1）按照以下转移计划进行转移：

（a）外国财产，或

（b）外国权利或义务，

---

① 原文为"for'are amended'substitute'is amended'"。

　　董事会和国务大臣需采取一切必要的措施，以确保根据相关的外国法律适用本法时，外国财产、权利或义务归属于国务大臣。

　　(2) 在国务大臣根据有关外国法律确认有效的转移计划获得外国财产、权利或义务之前，董事会需：

　　(a) 为了国务大臣的利益而保有财产或权利；或

　　(b) 代表国务大臣履行义务。

　　(3) 第 (1) 或第 (2) 款并不影响国务大臣根据英国法律的规定、依据转移计划获得外国财产、权利或义务。

　　(4) 本款所称的外国财产、外国权利或义务是指在诉讼过程中，参照英国以外的国家或地区的法律（根据国际私法规则确定）而产生的财产、权利或义务。

　　(5) 根据本款确定的有关财产、权利或义务的义务，类似载于管理局与国务大臣之间的合约中的内容一样，具有强制执行力。"

　　(9) 在附录 28 第 10 条[关于《1962 年运输法》（c. 46）第 56 条的过渡性条款]中：

　　(a) "铁路乘客委员会"改成"伦敦交通运输用户委员会"；

　　(b) 在 (a) 项中，将"第 76 及 77 条"改为"第 76 条"；

　　(c) 在 (b) 项中，将"这些条款"改为"该款"。

　　《2002 年企业法》（c. 40）

　　18 (1)《2002 年企业法》修正如下。

　　(2) 在第 168 条第 (4) 款（竞争事务委员会及国务大臣关

于受规管市场的责任）中：

(a) 在 (h) 项中，省略"凡牌照的任何条件与消费者保障有关"；

(b) (i) 项不再有效力；

(c) 在 (k) 段中，将"战略"一词直至结尾改为"国务大臣、苏格兰部长和威尔士国民议会根据《1993 年铁路法》第 4 条"。

(3) 在该条第 (5) 款中，把 (j) 改为：

"(j) 国务大臣；

(k) 苏格兰部长；或者

(l) 威尔士国民议会。"

(4) 在附录 15 (为容许披露资料的目的的成文法则) 结尾处插入：

"《2005 年铁路法》（c. 14）"。

附录 13

第一章　废除的成文法则

简称及章	废除范围
《1919 年交通部法》(c. 50)	第 17 条第 (1) 款 (a) 项
《1962 年交通法》(c. 46)	第 43 条中： (a) 第 (1) (2) (5) 款中的"或铁路战略机构"； (b) 第 (3) 款中的"和铁路战略机构"。 第 56 条中： (a) 第 (4) 款从"和副本"至结尾的部分； (b) 第 (5) 款； (c) 第 (6ZA) 款中的"就铁路乘客委员会而言"和"铁路乘客委员会以及"； (d) 第 (20) 款

续上表

简称及章	废除范围
《1967 年议会监察员法》（c.13）	附录 2 中与铁路乘客委员会和铁路战略机构相关的所有条目
《1968 年交通法》（c.73）	第 10 条第（1）款（vi）（viza）项。 第 15 条第（1）款（d）项中"除非"之前的部分。 第 20 条中： 　（a）第 2 款从句首至"该法案第 9A 条第（3）款"的部分，（b）段以及之前的"和"； 　（b）第（3）至第（7）款。 第 56 条（2B）款中关于"特许经营权"的定义
《1972 年养老金法》（c.11）	附录 1 中"其他主体"列表中关于"铁路战略机构"的所有条目
《1974 年劳动安全卫生法》（c.37）	第 18 条第（5）款中的"或者根据第（2）款之前的规定"； 第 78 条第（7）款（c）项
《1975 年下议院丧失资格法》（c.24）	附录 1 中： （a）第二章中关于铁路战略机构的条目； （b）第三章中关于铁路乘客委员会成员收到酬劳的条目
《1975 年北爱尔兰议会丧失资格法》（c.25）	附录 1 第二章中关于铁路战略机构的条目
《1976 年种族关系法》（c.74）	附录 1A 第二章中关于铁路战略机构的条目
《1985 年交通法》（c.67）	附录 3 第 13 条
《1987 年海峡隧道法》（c.53）	第 41 条第（1）款（a）项中的"及每一名铁路乘客委员会委员"
《1993 年铁路法》（c.43）	第 2 条。 第 3 条。 第 4 条中： 　（a）第（3）款（a）项中从"考虑到"至"机构"的部分；

简称及章	废除范围
《1993 年 铁 路 法》 (c. 43)	(b) 第 (3A) 款 (a) 项和 (b) 项中的 "从 37 到 50"； (c) 第 (5) 款 (d) 项中的 "伦敦地区交通"。 第 7 条中： (a) 第 (1) 款和第 (3) 款中每一处 "及该机关"； (b) 第 (5A) (6A) (8A) 款。 第 7A 条。 第 8 条中： (a) 第 (1) 款 (a) 项中的 "及该机关"； (b) 第 (1) 款 (b) 项中的 "咨询该机关后作出"； (c) 第 (2) 款 (a) 项； (d) 第 (7) 款 (a) 项中的 "为该机关及为健康与安全行政部门"； (e) 第 (7) 款 (b) 项中的 "及健康与安全行政部门"； (f) 第 (8) 款中的 "及该机关"。 第 10 条第 (4) 款中 "呼叫" 的定义。 第 11 条中： (a) 第 (2) 款 (b) 项中的 "及该机关"； (b) 第 (4) 款中的 "或个人"。 第 12 条中： (a) 第 (1A) 至 (1C) 款； (b) 第 (3) 款中的 " (1B) 或者" 及 "该机关或者"； (c) 第 (4) 款。 第 13 条第 (1A) 至 (1C) 款。 第 14 条第 (5A) 款。 第 15 条中： (a) 第 (1B) 至第 (3A) 款； (b) 第 (2) (4A) (4B) (4C) 款中所有 "或该机关" 出现之处； (c) 第 (4) 款中的 "或 (3A) " 和 "或该机关"； (d) 第 (5) 款。 第 15 条 A 款 (1) 项中的 "或该机关"。 第 15B 条中： (a) 第 (1) 款 (b) 项中的 "该机关要求制造的"； (b) 第 (5) 款中的 "该机关及健康与安全行政部门"。 第 15C 条第 (3) 款中的 "该机关" 和 "每一个"。

续上表

简称及章	废除范围
《1993 年 铁 路 法》(c. 43)	第 16 条第（3）款中的"该机关及健康与安全行政部门"。 第 23 条第（2B）款。 第 24 条第（3）款中的"和该机关"。 第 26 条第（4）款。 第 30 条第（1）款中： （a）（a）项； （b）（b）项中的"（除非由于这样的指引）"。 第 34 条、第 35 条。 第 37 至第 49 条。 第 50 条第（1）款（a）项和第 50 条第（2）款。 第 54 条第（3）款中关于客运管理机构或客运管理局"特许经营权"的定义 第 55 条中： （a）第（5）款中的"或者，视情况《2000 年交通运输法》第 207 条"； （b）第（10）款（a）项中"合适的机关"的定义，"除去与消费者保护有关的情形"； （c）第（10）款（d）项中"相关的情形或要求"的定义，"除了该机关之外"。 第 59 条第（6）款（a）项（ii）段尾的"和"。 第 61 条中： （a）第（1）款（a）项（ii）； （b）第（2）款（b）项及之前的"或者"。 第 62 条中： （a）第（2）款（a）项（ii）； （b）第（3）款（b）项及之前的"或者"； （c）第（5）款（a）项（ii）； （d）第（6）款（b）项及之前的"或者"； （e）第（7）款（b）项及之前的"和"。 第 63 条第（2）款中的"以其认为合适的方式或在其认为合适的情况下"。 第 67 条第（6）款（b）项（i）。 第 68 条第（1）款（a）项中"与消费者保护无关的"。 第 69 条第（4）款。

英国铁路法(2005)

续上表

简称及章	废除范围
《1993 年 铁 路 法》(c.43)	第 71A 条。 第 72 条第（1）款中的"根据本章"。 第 73 条中: （a）第（1）款中的"根据本章"; （b）第（2）款（e）项中的"许可证或者"及（h）项至（m）项; （c）第（5）、第（6）款。 第 75 条。 第 76 条中: （a）第（3）款; （b）第（6）款（a）项中的"和该机关"; （c）第（8）款。 第 77 条。 第 79 条。 第 83 条中: （a）第（1）款中"同意关闭"和"公告期间"的定义; （b）第（3）款。 第 118 条中: （a）第（1）款（b）项; （b）第（3）款中的"或该机关"; （c）第（5）款中的"和该机关"和"每一个"; （d）第（9）款中的"和该机关"。 第 130 条第（5）、第（6）、第（10）款。 第 136 条中: （a）第（3）款（b）项; （b）第（6）款中的"和该机关"和"每一个"; （c）第（7）款、第（10）款中所有的"或者该机关"。 第 144 条第（1）款中的"和客运管理机构"及之前的内容。 第 145 条中: （a）所有的"该机关"; （b）第（7）款。 第 151 条中: （a）"该机关"的定义; （b）所有的"该机关";

230

简称及章	废除范围
《1993 年铁路法》(c. 43)	(c) 第 (3) 款。 附录 2。 附录 3。 附录 4A 中： (a) 第 3 条； (b) 第 7 条第 (4) 款 (b) 项中的"该机关及卫生与安全行政部门"； (c) 第 10 条。 附录 5。 附录 6 中： (a) 第 3 段第 13 条第 (3) 款 (b) 项中加副标题的内容； (b) 第 7 (2) 段第 18 条第 (1) 款 (b) 项中加副标题的，从"或者，如果"至"国务大臣的同意"； (c) 第 9 段第 23 条第 (1) 款、第 (2A) 款中加副标题的内容、(c) 项； (d) 第 10 (2) 段第 27 条 (1A) 款中加副标题的、"或者，如果"至"国务大臣的同意"。 附录 11 第 1 条第 (1) 款中"适格的人"的定义，第 (a) 款 (ia)
《1996 年铁路遗产法》(c. 42)	第 1 条 (a) 款、(b) 款； 第 2 条第 (2) 款 (a) 项中的"该机关经过同意"
《1996 年海峡隧道铁路连接法》(c. 61)	第 19 条第 (2)、第 (5)、第 (6) 款； 第 42A 条
《1999 年大伦敦政府法》(c. 29)	第 175 条第 (1) 款中 (b) 项后面的内容； 第 196、第 197 条； 第 199 条第 (1) 款中的"和铁路战略管理局"； 第 201 条； 第 203 条、第 204 条； 第 235 条第 (2) 款 (b) 项中的"铁路战略管理局"； 第 252 条第 (1) 款； 附录 19 第 5 条
《2000 年信息自由法》(c. 36)	附录 1 第六章中关于根据《1993 年铁路法》第 2 条第 (2) 款设立铁路乘客委员会及铁路战略管理局的全部内容。

简称及章	废除范围
《2000 年交通运输法》（c.38）	第 201 至第 211 条。 第 212 条第（4）款。 第 213 条、第 214 条。 第 217 条第（2）款。 第 218 至第 222 条。 第 224 条第（2）款（b）项。 第 226 条第（1）款（c）项及之前的"和"。 第 227 条中： （a）第（1）款； （b）第（3）款中从"和提及"至结尾的部分。 第 228 条中： （a）第（2）款中的"那些条文中的每一条"； （b）第（3）款（b）项及之前的"和"； （c）第（5）款。 第 234 至第 239 条。 第 246 条。 第 248 条第（3）款中的"或者它"。 第 249 条。 第 251 条。 第 278 条中： （a）第（2）款（b）项及之前的"或者"； （b）第（3）款（b）项及之前的"或者"。 附录 14、附录 15。 附录 16 中： （a）第 2 至第 7 条； （b）第 9 至第 13 条； （c）第 14 条第（2）款、第（3）款（a）项、第（4）款； （d）第 15 条； （e）第 16 条第（2）款、第（3）款（a）项； （f）第 17 条第（2）款（a）项、第（3）款、第（4）款（a）项、第（5）款（a）项； （g）第 18 条第（2）款（a）项、第（3）款； （h）第 19 条至第 33 条； （i）第 34 条第（2）款（a）项、第（3）款、第（4）款（a）项、（b）项、（c）项；

简称及章	废除范围
《2000 年交通运输法》（c. 38）	(j) 第 35 条第 (3) 款 (b) 项、第 (4) 款、第 (5) 款； (k) 第 39 条至第 42 条； (l) 第 44 条至第 48 条； (m) 第 49 条第 (2) 款、第 (3) 款 (a) 项、第 (4) 款、第 (5) 款； (n) 第 50 条； (o) 第 51 条第 (2) 款、第 (4) 款、第 (5) 款； (p) 第 52、第 53 条； (q) 第 59 条； (r) 第 61 条、第 62 条； (s) 第 64 条； (t) 第 66 条。 附录 17 中： (a) 第 2 条第 (2) 款至第 (5) 款、第 (7)、第 (8) 款； (b) 第 3 条； (c) 第 4 条第 (2) 款 (a) 项、第 (5) 款 (a) 项； (d) 第 6 条第 (2) 款、第 (3) 款 (a) 项、第 (4) 款、第 (5) 款； (e) 第 7 条第 (2) 款至第 (4) 款、第 (5) 款 (a) 项、第 (6) 款 (a) 项、第 (7) 款、第 (8) 款 (a) 项； (f) 第 8 条第 (2) 款、第 (3) 款 (a) 项、第 (4)、第 (5) 款； (g) 第 9 条第 (4) 款 (b) 项、第 (6) 至第 (8) 款； (h) 第 10 条； (i) 第 11 条第 (3) 款； (j) 第 13 条、第 14 条； (k) 第 16 条 (b) 款及其之前的"和"； (l) 第 18 条、第 19 条； (m) 第 20 条第 (2) 至第 (5) 款； (n) 第 21 条至第 27 条； (o) 第 29 条、第 30 条； (P) 第三章。 附录 18 中： (a) 第 1 至第 3 条； (b) 第 6 条第 (2) 款、第 (3) 款 (a) 项； (c) 第二章。 附录 19 至附录 21。

续上表

简称及章	废除范围
《2000 年交通运输法》（c. 38）	附录 22 中： （a）第 2 至第 7 条； （b）第 8 条第（4）款（b）项、第（10）款中的"和铁路乘客委员会"； （c）第 9 至第 14 条； （d）第 15 条第（2）款（c）项至（e）项、第（3）款、第（4）款（a）项、第（5）款、第（6）款； （e）第 18 条； （f）第 22 条； （g）第 23 条（a）款； 附录 23 中第 1 至第 9 条。 附录 25 第 15 条中的"和该机关"。 附录 27 中： （a）第 1 条第（4）至第（6）款； （b）第 2 至第 5 条； （c）第 14 条； （d）第 24 条第（3）款； （e）第 25 至第 29 条； （f）第 30 条第（2）款； （g）第 35 条； （h）第 39 条第（3）款、第（5）款； （i）第 41 条第（2）款； （j）第 43 条； （k）第 46、第 47 条； （l）第 55 条； （m）第 58 条； （n）第 60 条、第 61 条； （o）第 62 条第（5）款、第（6）款。 附录 28 中： （a）第 1 条； （b）第 4 条； （c）第 5 条第（2）款中从"但是该机构"至结尾的内容； （d）第 6 条； （e）第 7 条第（1）款中的"正如第 225 条第（1）款插入的一样"，第（2）款中的"正如第 225 条第（2）款插入的一样"；

简称及章	废除范围
《2000 年交通运输法》（c.38）	(f) 第8、第9条； (g) 第11至第16条。 附录31中有关《1996年铁路遗产法》的所有规定
《2002 年企业法》（c.40）	第168条中： (a) 第（4）款（h）项中的"不涉及与消费者保护有关的情形"及（i）项； (b) 第（5）款（i）项末尾的"或者"
《2002年苏格兰公共服务申诉专员法》（c.11）	附录2第二章第82条
《2003年铁路和交通安全法》（c.20）	第62条第（1）款（j）项、（m）项、（n）项。 第73条第（3）款中： (a) （a）项； (b) （b）项中的"（无论是由铁路战略管理局还是由其他人）"。 第104条。 附录2中： (a) 第3条表格中有关第7A、第43、第46A、第46B、第75、第77、第79条及附录2、附录3的内容； (b) 第11条； (c) 第16条。 附录4中： (a) 第2条第（1）款（d）项； (b) 第6条（b）款及其之前的"或者"

第二章　保留条款

1.《1972年养老金法》（c.11）附录1"其他机构"列表中铁路战略管理局的相关规定的废除并不会影响：

（a）在规定废除前已经获批的养老金、补贴、退职金，以及铁路战略管理局员工的养老金、补贴、离职费；或者

（b）在规定废除前已经拥有获得养老金、补助、退职金的

权利或资格，以及铁路战略管理局员工获得养老金、补助、退职金的权利或资格。

2.《2000年交通运输法》第219条的废除是否生效取决于第46条第（4）款。

3.《2000年交通运输法》附录17第三章的废除不会影响其条文在规定废除前制订的转换计划中的适用。

4.《2000年交通运输法》附录19的废除不会影响其条文在规定废除前制订的转换计划中的适用。

后　记

　　学习参考国外法律、法规是法学教学研究中必不可少的一种途径，外语功底较好的人士自然可以通过自行阅读了解其内容，然并非所有人都具备这种研究能力，非科研人员也没有足够的精力去逐条查找法条，从而也就不能快速找到自己所需的内容。从事铁路法教学研究的人士在我国法学教研工作者中属于小众群体，所能用以学习、参考、借鉴的文献资料远不及其他成熟的法学学科。把国外相关法律、法规翻译成中文，既能使更多人了解这些法律、法规，为我国铁路法的教学、研究提供更多素材，也能为立法等工作提供一手的参考。译者就是在这种初衷下开始相关法律、法规的翻译工作的。各国铁路法律、法规浩如烟海，且处于不断更新之中，只能选取部分有代表性的、先进的法律作为翻译对象，逐步开展这一工作。译者最终选定翻译 2005 年的《英国铁路法》并作为《铁道警察学院铁路公共安全研究译丛》之一出版。

　　本译作由铁道警察学院铁路法研究中心研究人员完成，何恒攀（铁道警察学院铁路法研究中心主任、副教授、法学博士）担任主译，汪东丽（铁道警察学院法律系副教授、法学博士研究生）担任副主译。在翻译工作流程上，先由主译拟定翻译要求，再由各位译者分工翻译，最后由主译统改定稿。

　　法律文件的翻译不同于一般作品的翻译，其高度凝练性要求译者不仅具有较高的外语水平，也需在专业领域具备深厚的积累和较强的写作能力，否则便无法用符合我国实际的正宗"法言法语"来传达国外法律的内涵。有过留学经历的人大都知道，国外法学专业对语言能力要求往往高于其他专业。由于译者水平有限，且国内同类的参考资料较少，部分术语的中文表述尚不统一，译者在翻译过程中经历了一定的困难，译作本身难免存在诸多疏漏，期待得到专家和同行的批评指正，以便使译者在今后的工作中避免同样的错误，提高翻译水平。

　　铁道警察学院领导和科研处、法律系、公共基础教研部、现代交通公共安全研究中心等部门对《英国铁路法（2005）》的翻译出版给予了指导和支持，中国人民公安大学出版社的重视和支持则使本译作早日问世，在此一并深表谢忱。

译者

2017 年 11 月